O ESCARGOT

CRIAÇÃO E COMERCIALIZAÇÃO

Dados Internacionais de Catalogação na Publicação (CIP)
(Câmara Brasileira do Livro, SP, Brasil)

Ferraz, Joaquim
O escargot: criação e comercialização / Joaquim Ferraz.
– São Paulo: Ícone Editora, 1999.

ISBN 85-274-0564-4

1. Caracóis comestíveis 2. Caracóis comestíveis – criação
I. Título.

99-0164   CDD-639.483

Índices para catálogo sistemático:

1. Caracóis comestíveis: criação   639.483
2. Caracóis comestíveis:
   produção comercial: zootecnia   639.483
3. "Escargots": criação   639.483
4. Helicicultura   639.483

JOAQUIM FERRAZ

O ESCARGOT

CRIAÇÃO E COMERCIALIZAÇÃO

© Copyright 1999.
Ícone Editora Ltda

Capa
Mônica Mattiazzo

Produção e Diagramação
Rosicler Freitas Teodoro

Revisão
Antônio Carlos Tosta

Proibida a reprodução total ou parcial desta obra,
de qualquer forma ou meio eletrônico, mecânico,
inclusive através de processos xerográficos,
sem permissão expressa do editor
(Lei nº 5.988, 14/12/1973).

Todos os direitos reservados pela
ÍCONE EDITORA LTDA.
Rua das Palmeiras, 213 — Sta. Cecília
CEP 01226-010 — São Paulo — SP
Tels. (011)826-7074/826-9510

ÍNDICE

Introdução 9

Capítulo 1
Classificação dos moluscos 13

Capítulo 2
Espécies e morfologia 17

Capítulo 3
Biologia e fisiologia 21

Capítulo 4
Melhoria genética 29

Capítulo 5
História do escargot no mundo 35

Capítulo 6
Valor nutritivo 39

Capítulo 7
Farmacopéia 43

Capítulo 8
Doenças possíveis 47

Capítulo 9
Predadores do escargot 51

Capítulo 10
Hibernação, estivação e operculação 53

Capítulo 11
Reprodução e produtividade 57

Capítulo 12
Cuidados básicos 63

Capítulo 13
Modos de criação – Habitat 73

Capítulo 14
Instalações 75

Capítulo 15
Criação passo a passo 79

Capítulo 16
Alimentação dos escargots 83

Capítulo 17
Como abater 89

Capítulo 18
Preços de mercado 93

Capítulo 19
Custos de um projeto 95

Capítulo 20
Lucros com um projeto 99

Capítulo 21
Países consumidores 103

Capítulo 22
Importadores – indicações 105

Capítulo 23
Como exportar 111

Capítulo 24
Cooperativas e associações 113

Capítulo 25
Informatização 117

Capítulo 26
Internet 121

Capítulo 27
Modalidades de vendas - Marketing 123

Capítulo 28
Embalagens 129

Capítulo 29
Armazenamento da produção 135

Capítulo 30
Meios de transporte 141

Capítulo 31
Culinária 147

Capítulo 32
Qualidade total na criação do escargot 159

Capítulo 33
Onde adquirir matrizes reprodutoras 163

Capítulo 34
Literatura – indicação 165

Capítulo 35
Endereços úteis 169

Capítulo 36
Recomendações diversas para a criação 171

Capítulo 37
Nosso endereço e no que podemos ajudar 175

INTRODUÇÃO

A ciência que estuda o cultivo de "caracóis" em geral – escargots em francês –, é a helicicultura, palavra que provém de Helix, que é o gênero cultivado com mais freqüência em toda a Europa.

Helicicultura é o assunto que estaremos tratando em todo este volume, com informações colhidas junto à literatura brasileira, estrangeira e, principalmente, com a coleta de dados e informações gerais colhidas na prática junto ao Heliário Escargot House de nossa propriedade.

A finalidade deste livro é trazer variadas informações, de forma que o iniciante a criador de escargot receba um grande "caldo" cultural relativo à criação desse animal, principalmente para fins comerciais.

Muitas pessoas em algum momento de suas vidas, desejam tomar suas próprias decisões, ser empresárias, ter seu próprio negócio. Indicamos o escargot como excelente oportunidade para a iniciação de todos aqueles que assim desejam.

A criação de escargot é classificada como pecuária alternativa. Abordaremos durante todo o livro diversos aspectos informativos e formativos, mostrando, porém, que também nessa atividade, como em todas as outras do ser humano, não existe êxito sem esforço.

Na criação do escargot, além de tudo, é possível encontrarmos o lucro alcançando também o prazer. Mostraremos que a produção da carne do escargot é possível tanto em chácaras, sítios e fazendas, onde já existam algumas construções que poderão ser utilizadas, como em pequenos espaços em fundos de casas e até em cômodos e quartos.

Durante muito tempo o consumo de escargot esteve ligado à captura dos animais diretamente da natureza. Posteriormente criadores começaram a preparar parques que imitassem o habitat natural e engordá-los, preparando-os para a comercialização. Somente a partir dos anos 70 é que alguns países começaram a programar criações em ambientes fechados em escala industrial; essa modalidade de criação intensiva tem sido cada vez mais evoluída em virtude de pesquisas que têm ocorrido em diversas Universidades, dentre elas algumas brasileiras.

No Brasil adotamos o nome de Escargot, já na Itália é conhecido como Chiocciola e Schnecke na Alemanha; Caracola na Espanha e em Portugal, Conoquo ou Abobo na África e Snail nos EUA.

No nosso livro estaremos usando o termo escargot de uma forma geral. Abordaremos diversos tópicos, inclusive instruindo sobre o planejamento completo que levará ao sucesso da produção; sobre a prospecção de mercado regional para consumo e indicativos para a exportação daqueles que estiverem resolvidos a uma produção em maior escala.

Temos que estar cientes das dificuldades naturais para a implantação de um projeto que, especificamente quanto ao escargot, estaremos desenvolvendo durante todo o nosso trabalho. Abordaremos também algumas vantagens e facilidades que encontramos aqui no Brasil para a implantação desse projeto; vejamos:

a) A facilidade da implantação começa pelos custos iniciais, em virtude dos materiais necessários (madeira, telas etc. serem encontrados com abundância em nosso país, além do baixo custo dos diversos utensílios da atividade.

b) Também que o escargot é um animal de reprodução bastante fácil e abundante – que estará sendo detalhada em capítulo específico.

c) Outra vantagem a ser observada é a do crescimento rápido, pois o animal, especificamente o Achatina Fúlica, vai do nascimento até ao abate num prazo aproximado de apenas 90 dias, (45 dias se para tira-gosto), o que faz com que o retorno do pequeno capital investido ocorra já a partir do segundo semestre.

d) As perdas são mínimas durante todo o ciclo de criação do escargot, porque as doenças a que estão sujeitos são pouquíssimas e os acidentes praticamente inexistentes, se tomarmos os cuidados necessários.

e) A manutenção do criatório é bastante simples, já que com o treinamento de pessoas sem nenhum conhecimento, em poucos dias, teremos condições de iniciar a montagem da nossa criação. O destaque fica realmente para o baixo custo de todo o projeto, incluindo a possibilidade de utilização de mão-de-obra barata, mesmo obedecendo-se, obviamente, os valores de mercado.

O comércio da carne do escargot está crescendo numa velocidade bastante grande. O Brasil, que consumia há pouco tempo apenas 25 toneladas por ano, já se calcula que no momento esteja consumindo muitas vezes mais, existindo países que consomem milhares de toneladas por ano.

A França, por exemplo mais de 45.000 toneladas anuais.

O mercado interno está crescendo rapidamente e a partir do momento em que se começou investir em marketing, mostrando o alto teor nutritivo e o baixo índice de calorias dessa carne, o consumo cresceu rapidamente, pelo que concluímos que deveremos ser em breve grandes consumidores de escargot, além de grandes exportadores para os países que tradicionalmente já consomem.

Sem dúvida o Brasil será um dos grandes celeiros do mundo para o abastecimento do mercado internacional de escargots; reunimos todas as condições necessárias para essa atividade. Grandes extensões de terras, materiais em abundância, clima adequado, mão-de-obra de baixo custo, alimentação abundante, o que faz com que o Brasil seja um forte competidor com os países europeus, considerando-se que as reservas naturais européias tendem a se esgotar ou pelo menos reduzir-se drasticamente.

Como atividade econômica no Brasil a helicicultura ainda é recente, mas mostra-se bastante acelerado o seu desenvolvimento.

Já temos grandes criadores em diversas regiões do país em condições de fornecer matrizes reprodutoras, utensílios diversos e vasta tecnologia aperfeiçoada ao longo de suas atividades, adaptando o escargot economicamente à produção nacional.

Esta é uma obra que virá certamente preencher lacuna nos meios culturais, pois literatura recente em português a respeito de escargot ainda é bastante escassa, pelo que estamos nos dispondo a apresentar uma obra de cunho bastante didático, dando ênfase a pontos principais com detalhes, procurando dar seqüência lógica às atividades práticas da criação do escargot.

O livro não aborda somente as especificações do animal e seus métodos de criação, mas analisa também as partes econômicas e comerciais e itens como embalagens, Qualidade total e informatização, oferecendo ao produtor do escargot completas orientações para a instalação do seu "negócio" e administração do mesmo.

O sucesso do empreendimento que você já iniciou, ou que está se dispondo a iniciar, estará por certo relacionado à qualidade do produto final e à quantidade a ser produzida.

Vencerão aqueles que lograrem êxito na produção da quantidade desejada, atrelada a excelente qualidade do produto.

Bem-vindo ao exuberante mundo da Helicicultura.

Ferraz

CAPÍTULO 1

CLASSIFICAÇÃO DOS MOLUSCOS

A zoologia, ciência que estuda a vida animal, classifica os caracóis como "moluscos".

Por ser o escargot (caracol) um molusco, analisaremos sua classificação como tal, para podermos entender suas características, conseguindo melhor manuseio e lucratividade.

A palavra "molusco" tem origem do latim = mollis, que quer dizer mole.

O caracol é um animal cujas características que o definem são: corpo mole, inteiriço, com cabeça, pé que se confunde com o ventre e cujas vísceras se localizam na parte dorsal superior –, tudo normalmente protegido por uma concha.

Assim é um caracol, e que neste capítulo tratamos tanto como "caracol" como "escargot".

A ciência já classificou aproximadamente 80.000 espécies de moluscos, que habitam desde profundezas da terra, do mar, dos rios, até superfícies e montanhas. Os moluscos de concha são classificados como "caramujo", quando habitam na água, seja no mar ou em rio; classificados como "caracol" quando habitantes terrestres.

Também são moluscos as "lesmas" aquáticas e terrestres, não comestíveis.

O que nos interessa, é estudarmos os escargots, com vistas à nossa criação econômica.

Como o escargot é um molusco, vamos ver abaixo, "onde" ele se encaixa nessa classificação.

São 06 as classes de moluscos:

1) *Monoplacophora* – como o nome já diz, é "mono", no caso com a concha formando uma única peça, pertencendo a um grupo de animais considerado primitivo. O animal, constituído de um feixe de músculos, se insere na concha. Exemplo: o NEOPILINA;

2) *Amphineura* – animais visíveis principalmente quando baixam as marés e são somente marinhos. Podem ou não apresentar concha e, caso existam, são formadas por placas. Exemplo: QUITONS;

3) *Scaphopoda* – animais marinhos, estes moluscos de tamanho apenas de médio para pequeno, são animais com conchas alongadas e com duas aberturas. Exemplo: DENTÁLIOS.

4) *Pelecypoda* – são animais com formato bilateral, com as 2 conchas articuladas que podem se abrir e fechar. Exemplos: OSTRAS, MEXILHÕES E MARISCOS em geral.

5) *Cephalopoda* – moluscos com características de grande cabeça, podendo se apresentar ou não com conchas. Olhos grandes e boca com mandíbula, têm normalmente até 10 braços. Exemplo: LULA, POLVO, NÁUTILUS.

6) *Gastrópoda* – aqui se classifica o nosso escargot. Com esse nome em virtude de se locomoverem sobre e com o ventre(gastro). São moluscos de forma espiralada, com conchas, tentáculos e olhos. Normalmente botam ovos. A cabeça desses animais é bem definida. Exemplo: CARAMUJOS AQUÁTICOS e o ESCARGOT (terrestre).

Concluindo, temos que o escargot é um "molusco gastrópode" com a seguinte classificação completa:

NOME:	ESCARGOT (CARACOL)
ESPÉCIE:	ASPERSA, POMATIA E OUTRAS
GÊNERO:	HELIX
FILO OU PHYLLUM:	MOLLUSCA
CLASSE:	4
SUBCLASSE:	3
ORDEM:	1
SUPER-FAMÍLIA:	HELICACEA
FAMÍLIA:	HELICIDAE

CAPÍTULO 2

ESPÉCIES E MORFOLOGIA

Os escargots, apesar de desprovidos de defesa, pois não "correm", são protegidos pela natureza, inclusive para se confundirem com o ambiente natural, pela sua cor que se confunde com as folhagens para não serem percebidos pelos outros animais.

Morfologicamente definimos o escargot como um molusco com as seguintes características principais:

– concha: que o protege e tem forma helicoidal ou espiralada, de cor marrom clara ou cinza.

– manto: recobre o animal em toda a extensão da concha e é regenerativa em caso de acidente com o animal;

– corpo: (cabeça, pé, tronco e massa visceral), é formado de água, lipídios, sais minerais e proteínas.

Vejamos de forma geral as principais espécies comestíveis no mundo:

– Helix pomatia linné: gros blanc, bourgogne e hélice vigneronne;

– Helix lucorum linné: escargot turco;

– Helix aspersa muller: petit gris, cagonille e chagriné;

– Helix aspersa máxima: gros gris;

– Helix cincta muller: escargot de venétie;

– Helix adanensis kobelt: escargot de cidanas;

– Achatina Fúlica: Achatina ou chinês.

Analisaremos as espécies mais criadas no Brasil pelos principais helicicultores – nome dado às pessoas que trabalham com a helicicultura – (nome da atividade de criação do escargot).

Esse nome origina-se da palavra "Helix", que é o gênero de escargots mais criados na Europa:
– Helix aspersa muller – Petit Gris (pequeno cinza);
– Helix aspersa máxima – Grs Gris (grande cinza).
(ambos de climas temperados e sensívei);
– Achatina Fúlica.

A espécie que tem mais facilidade de adaptação no Brasil, é a "Achatina Fúlica", ou somente "Achatina", por resistir mais às altas temperaturas do verão brasileiro.

Escargot "Achatina"

O Achatina é bastante consumido em todo o mundo, sendo seu principal produtor a China, que o consome e exporta para a França, grande cliente final.

Porém, o Petit Gris e o Gros Gris, que são muito consumidos na Europa, se adaptaram somente em regiões de clima ameno no Brasil.

Já os escargots de origem brasileira não tem valor comercial, pois sua carne tem consistência maior e "emborrachada" e a prolificidade é pequena, inviabilizando a produção comercial.

Existe escargot brasileiro chamado Jatutá, encontrado principalmente no litoral paranaense, mas presente em todo o Brasil. Sua cor é castanho/rosa e de formato "acanudado" e, assim como os demais escargots comestíveis brasileiros, bota poucos ovos por vez (5 a 8).

O quadro abaixo faz uma comparação entre as espécies que se adaptam ao Brasil, para você poder melhor definir a espécie do seu empreendimento:

	ESPÉCIES		
	Achatina	**Petit Gris**	**Gros Gris**
tamanho adulto	15 cm	03 cm	04 cm
formato	oval	redondo	redondo
peso concha	40 %	30 %	35 %
carne	cinza escuro	cinza médio	cinza claro
postura	300 ovos	80 ovos	120 ovos
número postura	3/4	2-3	2-3
tamanho ovos	5 mm	2 mm	3 mm
cor dos ovos	branco	branco	branco
origem	África	Europa	Europa
peso carne (gr)	12/15	07	12
idade abate (dias)	90	120	150
retirada vísceras	obrigatório	não retira	opcional
temperatura	centígrados		
ideal	30	20	20
estivação/acima de	38	28	28
hibernação/abaixo	10	10	10
adaptação Brasil	ótima	média	média

CAPÍTULO 3

BIOLOGIA E FISIOLOGIA

Para uma perfeita criação do escargot é necessário que o produtor esteja sempre atualizado quanto às informações que surgem sobre seu produto. É muito importante que ele esteja ciente dos assuntos tratados na bibliografia correspondente e que entenda o funcionamento da máquina biológica do animal; é necessário que esteja ciente de todas as partes que compõem o corpo do animal que ele se propôs a criar.

Nada acontece sem ter uma causa. Nada surge sem ter uma origem. Nenhum efeito é resultante do zero, do nada. Todos os efeitos correspondem a um fato, a uma ação, a uma presença, resultantes de uma existência. Esses animais têm diversos "componentes" e é isso que nós estamos estudando neste momento.

A concha:

Sabemos que o escargot é um animal pertencente à classe dos Gastrópodes e que é um animal mole, pois não tem esqueleto ósseo. Tem o pé na realidade grudado à barriga, que serve para se locomover; também a sua concha (a sua casa), que é mais ou menos um tubo cônico, globuloso e calcário em forma de espiral, com um eixo enrolado para a direita. Essa concha é de vital importância para o desenvolvimento do escargot; ela vai ficando cada vez mais forte quanto mais o animal se desenvolve.

A sua cor difere de espécie para espécie. Pode ser de cor cinzenta, castanha ou ter uma aparência rajada.

É interessante notar que esse animal necessita da concha, pois sendo o seu corpo bastante mole, fica sem proteção. Logicamente essa concha protege o animal tanto das altas como das baixas temperaturas, da baixa umidade relativa do ar, quanto para proteção contra predadores, que vamos ver em capítulo mais à frente.

Uma proteção bastante grande que a concha oferece é quanto à perda de água no seu corpo, porque a própria evaporação natural poderá ressecar o escargot.

A concha do escargot é composta praticamente só de calcário, sendo que apenas 4% de substâncias orgânicas.

Essa concha está ligada à massa visceral e o pé, o grande pé do animal e a sua cabeça, estão livres, podendo se localizar dentro ou fora dessa concha, segundo as necessidades do animal.

O animal tem grande facilidade em entrar e sair da concha e tudo isso acontece em virtude da existência de um músculo retrator chamado "columelar", que se contrai quando o animal quer entrar na concha.

A concha do escargot, em caso de acidentes, pode se abrir ou trincar, mas desde que não tenha causado danos irreparáveis ao corpo do animal, o mesmo tem capacidade de reconstruir essa concha, refazendo-se do estrago num período que varia de 8 a 15 dias.

Formação das conchas:

A concha é formada por 3 partes:

1 camada formada por uma capa externa constituída de matéria orgânica denominada conchiolina;

1 camada intermediária formada pela cristalização de calcário sobre uma matriz protéica e que inclusive leva uma

disposição de formação de listras longitudinais e transversais na concha;

1 camada interna que fica em contato com o manto – o corpo do animal –, constituída de pequenas lâminas superpostas, que são formadas normalmente por cálcio, conchiolina e carbonato alternadamente.

Os escargots são bastante sensíveis aos movimentos do ar, ao calor, ao frio, à umidade do ar, vibrações do solo e intensidade da luz. É generalizada a sua sensibilidade tátil, sendo particularmente aguda ao redor da boca e nas extremidades dos dois pares de tentáculos. O olfato também é generalizado em toda superfície corporal.

A locomoção do escargot é feita por ondas de ação muscular do pé, que progride de trás para a frente, proporcionando um movimento lento mas perseverante para sua locomoção.

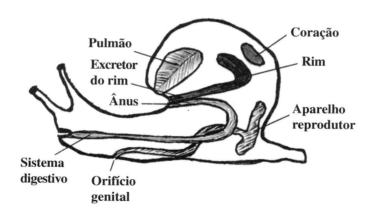

O pé:

Seu pé, na realidade, é a parte mais visível e se ele estiver em sua velocidade máxima, se deslocará na proporção de 4 a 5 metros por hora; porém, como o animal se faz valer dos diversos períodos de descanso durante um dia, percebemos que ele normalmente caminha aproximadamente no máximo 30 metros por dia.

Para facilitar seu deslocamento, ele projeta uma secreção, a baba, que reduz atritos do animal com o solo por onde rasteja.

Aparelho Respiratório:

O escargot tem uma respiração do tipo pulmonar, porém de forma diferente dos animais vertebrados. Possui um orifício que se abre para fora de seu corpo, o qual se chama pneumostoma. Tem também a respiração cutânea, através dos inúmeros poros.

O seu sistema pulmonar é bastante vascularizado; seu pulmão, por meio de algumas veias, transporta o sangue impuro (venoso) e a via pulmonar leva o sangue novo até o coração.

Aparelho Circulatório:

Quanto ao seu coração, observamos que tem apenas uma aurícula, e um ventrículo. O coração é de forma alongada e está localizado lateralmente.

Como animal vivo, a temperatura é um fator bastante importante para o funcionamento do coração.

As temperaturas bastante elevadas, acima de 35 graus, fazem com que os batimentos cardíacos subam a mais de 100 vezes por minuto, trazendo um grande stress para o animal. Nas temperaturas adequadas, os batimentos cardíacos ficam por volta de 20 a 30 por minuto.

O escargot tem também artérias, veias e seios venosos.

O chamado "sangue" do escargot tem uma coloração azulada quando em contato com o ar e uma tonalidade bastante clara.

O sangue do escargot possui três vezes mais cálcio do que o sangue humano e é formado pela hemocianina e pelo plasma.

Aparelho digestivo:

O aparelho digestivo do escargot é singular. Tem a sua rádula, uma espécie de boca, às vezes com milhares de dentes, formando algo como uma raspadeira; essa boca faz um movimento para trás e para a frente e conduz os alimentos para o seu interior.

As glândulas salivares anexas que segregam o suco na cavidade bucal fazem então o bolo para o animal engolir. Depois disso o alimento caminha pelo esôfago e vai até o estômago, onde tem prosseguimento a digestão e, em seguida, para o intestino, que possui uma glândula volumosa chamada hepatopâncreas e depois os excrementos são eliminados do animal.

O intestino tem a função principal de eliminar as matérias catabólicas, ou seja, não aproveitadas pelo organismo ou por ele rejeitadas.

Diferentemente dos outros animais o escargot não usa o intestino para absorver os alimentos, medicamentos, etc.; usa o intestino apenas para eliminar as matérias não utilizados pelo organismo.

Toda a massa visceral fica no fundo da concha.

Órgãos dos Sentidos:

Os órgãos dos sentidos do escargot correspondem aos olhos, aos tentáculos e pele, e parece que o órgão do equilíbrio é o ouvido.

As duas antenas maiores superiores correspondem aos olhos localizados nas suas extremidades; o animal, através dessas extremidades, é bastante sensível à luz, porém nota-se que a identificação de objetos pelo animal se dá apenas quando essas antenas superiores, os olhos, estão bem próximos dos objetos; numa distância superior a um centímetro, tudo faz crer que o animal não diferencia objetos. Tem também paladar e o olfato, sentindo a presença de alimentos a 50 cm de distância.

Aparelho urinário ou excretor:

A excreção do animal é realizada através do rim e do intestino. É por isso que existe um sistema porta-renal que leva o sangue ao rim e, depois de purificado, o leva de volta à circulação geral.

Sistema reprodutor:

O aparelho reprodutor do escargot é interessante, para não se dizer complexo. Como sabemos, os escargots são hermafroditas, mas necessitam da presença de outro animal para procriar ou reproduzir-se.

O escargot tem um canal genital, uma glândula de albumina, de onde sai o canal masculino e feminino, chamado oviducto, que desembocam na vagina.

Vejamos algumas partes do aparelho reprodutor do escargot: tem a vagina, que é o órgão copulador feminino; também possui um dardo que na época da reprodução produz uma espécie de estilete pontiagudo e de natureza dura, calcária. Esse dardo tem a função de excitar sexualmente e o comprimento varia de espécie para espécie alguns milímetros e, anexo a essa bolsa de dardos, tem as glândulas mucosas que eliminam uma substância destinada a facilitar a expulsão desse dardo. Também temos o espermatóforo, que é uma cápsula na qual ficam os espermatozóides para serem lançados durante a cópula na vagina do outro escargot; tem a glândula albuminífera, que é bastante volumosa e esbranquiçada e é do sistema reprodutor feminino; o canal hermafrodita, que é um tubo delgado que sai do ovotestis e vai até a glândula albuminífera. Esse Ovotestis é uma glândula volumosa e é hermafrodita, produzindo os gametas masculinos e femininos, ou seja, tanto espermatozóides como óvulos. Interessante é que essa glândula fica envolvida pelo fígado do animal.

Sistema Nervoso:

O sistema nervoso é composto por gânglios, que se interligam, formando a corrente.

Sistema Locomotor:

A movimentação se dá por ondas de ação muscular do pé, que progridem de trás para a frente, proporcionando um movimento perseverante e lento. O auxílio para a locomoção vem da baba, que lubrifica para diminuir o atrito e deixa rastro por onde o animal passar.

CAPÍTULO 4

MELHORIA GENÉTICA

Por que melhorar geneticamente? Para que a produção alcance excelente produtividade, precisamos selecionar as matrizes reprodutoras caminhando em direção à excelência da linhagem referente à espécie que estamos produzindo.

Existem diversos criadores que, com orientação de trabalhos desenvolvidos em Universidades, têm procedido a essa seleção genética de seu plantel.

E nível de criadores, poderemos citar alguns que se esmeram na melhoria genética dos seus escargots. A começar pelo Heliário Escargot House, que faz um acompanhamento bastante preciso, podemos citar criadores de Curitiba-PR, de Terezópolis e Nova Frigurbo no RJ; da cidade de Araras, no estado do RJ. Também produtores preocupados como os de Sorocaba, Adamantina e os de Presidente Prudente no Estado de SP, além dos criadores tradicionais de Goiânia, GO e Salvador, BA.

Diversas Universidades brasileiras estão com trabalhos já bastante adiantados na busca das melhores técnicas da criação em escala comercial do escargot e também caminhando rapidamente para uma definição dos animais geneticamente melhorados para essa produção comercial, inclusive a USP (Universidade de São Paulo), através do seu Câmpus de Pirassununga, no interior de SP; também da Universidade Federal Rural do RJ; da Universidade de Maringá e outras.

No Brasil esses trabalhos estão sendo desenvolvidos especialmente com referência ao Petit Gris e Gros Gris e muito especialmente com o Achatina, que, apesar de sua carne de cor mais escura, tem aceitação nacional e mundial cada vez mais crescente. Leva-se em conta que o Achatina tem a possibilidade de chegar a medir 20 cm e o peso bruto do mesmo atingindo até 500 grs em alguns casos. Observemos, porém, que na idade recomendada para o abate, que é de aproximadamente 90 dias, o animal estará apresentando peso líquido de carne de 12 a 15 gramas, se filhotes de matrizes selecionadas.

As matrizes reprodutoras são selecionadas a exemplo do próprio gado bovino, quando precisamos ter o reprodutor macho (touro) e as matrizes reprodutoras (fêmeas), ambos de alta linhagem para que sua descendência atenda aos requisitos exigidos: se destinados a engorda, se destinados a leite, se destinados a robustez para eventual trabalho no campo. No caso dos escargots, precisamos selecioná-los tendo em vista a prolificidade e a sua capacidade de rápido desenvolvimento para chegar no menor prazo possível à idade de abate. Precisamos pensar em selecionar animais de espécies que já estejam adaptadas à região em que vão ser criadas; precisamos inicialmente nos certificar disso.

Partir para uma contagem direta dos ovos que estão sendo postos pelos animais, individualmente, fazendo a verificação nas próprias caixas; verificar o tamanho desses animais que estão sendo produzidos, matriz por matriz, e também, depois, fazer um levantamento do peso da carne líquida dessas posturas de cada animal; isso demora algum tempo, mas é uma necessidade, de forma que você aprimore o seu heliário para uma alta produtividade, eliminando as matrizes improdutivas ou pouco produtivas.

Nesta seleção recomendada quanto ao tamanho, quantidade de ovos para postura, número de posturas etc., obviamente, um grande número de genes está envolvido nessas características dos animais. Outro fator importante que posso estar buscando para essa seleção genética é quanto à pigmentação das conchas, pois aí conseguirei uma produção uniforme, desde que se busque as mesmas características dos animais; os mesmos estarão cruzando-se entre si e estarão produzindo sempre novas gerações com as mesmas características, o que é bastante importante para a padronização da produção.

Para que o alicerce matricial da produção do escargot esteja completo, além dessas observações quanto ao fator genético, precisamos estar preocupados quanto ao fator nutricional original, isto é, quanto à origem das matrizes que estamos adquirindo; também quanto aos cuidados que estamos tendo com a nossa criação no preparo dos animais que queremos transformar em matrizes reprodutoras. Esses animais têm que ter uma atenção especial, alimentação de altíssima qualidade como fazemos no Heliário Escargot House, de especialmente verduras e legumes em grande quantidade para as matrizes, além da ração balanceada abundante para alta produtividade.

Também que sejam animais com aparência sadia, sem sinais de doenças, ou sinais de indisposições diversas. Que tenham as características exigidas para a sua espécie, por exemplo: se estou iniciando uma criação de escargot da espécie Achatina, todos os animais têm que estar dentro do padrão Achatina, não posso ter um de cor diferente, formato diferente, tamanho diferente em relação a outros animais na mesma espécie e idade.

Observe com bastante atenção sinais de defeito de conformação da concha que poderão estar indicando que o animal não tem boa saúde. Verificando se o animal não tem fraturas nas conchas, ferimentos, calombos em todo o seu corpo. Verificar, por exemplo, se o animal não tem alguma coisa de anormal com referência a líquidos estranhos que estejam vertendo de qualquer parte do seu corpo, não confundir com a "baba" ou gosma que ele naturalmente tem para a sua lubrificação e locomoção. É preciso verificar se os animais não estão já com a idade passada, no caso do Achatina, como os animais vivem até aproximadamente 5 anos, precisamos ter certeza de que eles estão dentro de sua idade de reprodução com maior eficiência, até a idade aproximada de 3 anos e meio e também verificar se esses animais, tidos como matrizes reprodutoras, já estão realmente com idade suficiente para se reproduzirem, o que acontece por volta do sexto mês. A relação idade/tamanho deve ser considerada na seleção.

Essa escolha de excelentes reprodutores fará com que os índices de produção e de produtividade sejam elevados e que o produto também seja da melhor qualidade, levando ao sucesso da produção comercial conforme desejado pelo produtor.

A melhoria do plantel e o desenvolvimento de uma linhagem ou de uma raça, estão ligados a três fatores específicos. Primeiro, o fator genético; segundo o fator nutricional; e terceiro, o fator ambiental.

Pesquisadores têm orientado que, para a seleção de animais superiores (que tenham melhores condições ou plenas condições de prepararem as próximas gerações adequadamente), resultando em excelente comercialização dos escargots, que esses três fatores sejam rigorosamente observados.

Qualquer produção animal passa por um constante desafio de aumento de produção, pois a demanda de proteína animal pelo ser humano é bastante grande, necessitando permanente aumento da produção. Por esse motivo as criações de escargot fazem parte da busca alternativa dessas fontes de proteína, fazendo com que a helicicultura se torne uma atividade bastante viável, pois como veremos, a carne do escargot tem um alto valor protéico; também que a postura dos ovos pelas matrizes reprodutoras é em grande número e que o espaço físico necessário para essa criação é pequeno e, por ser uma espécie rústica, não depende de grandes investimentos com instalações, sendo o uso de medicamentos bastante diminuto.

Se tivermos animais geneticamente selecionados e a certeza de alta linhagem (puros de origem), se tivermos animais com alto cuidado nutricional na sua formação e manutenção e, finalmente, se estiverem em excelentes condições ambientais durante toda a sua vida, aí sim, teremos a seleção de matrizes desejada de uma forma precisa e adequada.

CAPÍTULO 5

HISTÓRIA DO ESCARGOT NO MUNDO

O consumo do escargot como alimento é tão antigo como a própria história.

Desde a era Paleolítica, grandes quantidades de conchas são encontradas pelos arqueólogos em cavernas do homem pré-histórico, o que confirma que os caracóis comestíveis eram largamente utilizados. Grandes amontoados de conchas, com varias dezenas de metros de comprimento foram encontrados junto a diversas cavernas identificadas como dessa era.

Nessa fase o homem estava mais para um predador, isto é, saía colhendo os escargots para o seu consumo, aparentemente sem a preocupação de uma "criação", e poderá ter sido um dos primeiros passos para o homem mudar seus costumes vegetarianos para costumes carnívoros, após um período de intensa glaciação.

Esse consumo pelos nossos ancestrais que habitavam cavernas, não tinha a mesma característica nem a mesma sofisticação dos dias atuais. Diversos registros sobre consumo de escargot pelos humanos foram encontrados, inclusive ganhando lugar de destaque há mais de 2.000 anos na alimentação, a ponto de existirem, já naquela época, criações aperfeiçoadas.

Esses povos antigos nos legaram o hábito de comer escargot e também muitas lendas a respeito das propriedades da carne desse animalzinho que, comprovadamente, tem alto valor energético e nutritivo.

Antes de chegar ao refinamento da culinária francesa, o consumo de escargot, podemos dizer que "escorregou" para o gosto popular, quando inclusive durante o período de crise do século XIX (dezenove) tornou-se alimento das classes mais pobres da Europa.

Na medida que foi ficando escasso no estado selvagem da natureza, o escargot cada vez mais passou a ser um privilégio das elites, principalmente em países europeus como França, Itália e Espanha.

Para não deixar faltar o produto à mesa de refinadas apreciadores e "gourmets", começou-se a investir em criações com objetivo de aprimorar as técnicas de cultivo racional, alcançando-se assim boa rentabilidade e produtividade.

Com esse requinte culinário o escargot emigrou para países do novo mundo, já formando um legião de apreciadores que importam o produto.

Voltando a falar mais um pouco sobre o antigo costume de consumir escargot, lembramos que a literatura internacional, embora escassa, cita fatos antigos de consumos, por exemplo na França, que ainda hoje é um dos mais tradicionais e maiores consumidores de escargot do mundo; encontramos também representações em cerâmica do século XV (quinze); também esculturas de vinhedos com escargots que se encontram em diversos museus: o Louvre, o museu de Cluny (Paris).

Existem registros também de que o Francês Deuverney gastava noites inteiras nos jardins em Paris a observar a vida dos escargots.

Lapiq estudou o efeito da excitação sobre o sistema circulatório do animal no momento do abate, que enriquece o conhecimento sobre o animal.

Também o escargot é citado pelo poeta Giusti. Também Plínio, quando escreveu Settimio Claro, diz que "preparei para cada um: alface, 3 escargots, 2 ovos, um vinho doce e maçã". Também Plínio cita que Fúlvio Irpino tinha o costume de engordar escargots com hortaliças e depois cozinhava e comia com farinha e vinhos.

Como vemos, através dos tempos, o escargot sempre foi consumido ou em momentos de crise quando os menos premiados pela sorte faziam a coleta desses animais para a sua subsistência, ou em finas mesas da Europa e Ásia.

O escargot substituiu a carne vermelha em diversas ocasiões e regiões do mundo, ou por necessidade como de saúde, ou por impedimentos religiosos de consumo da carne vermelha.

A Europa continua sendo um grande consumidor da carne do escargot. Por esse motivo, também em virtude da utilização do escargot e sua baba em produtos cosméticos e de medicina, vemos como grande possibilidade de o Brasil ser um grande celeiro do mundo na produção desse animal, cujas espécies que aqui mais se adaptaram são: o Petit Gris (pequeno cinza), o Gros Gris (grande cinza) e o Achatina Fúlica que veremos a seguir, sendo este o que mais se adapta aos nossos costumes e às temperaturas brasileiras.

Atualmente a helicicultura não se restringe mais aos países Europeus. Atravessando o Atlântico, tomou impulso nos E.U.A e no Brasil os imigrantes fizeram várias tentativas de criação nas décadas de 30 e 40 e na década de 70 em São Paulo. Nos finais dos anos 70 a atividade começou a tomar novo alento com o surgimento de muitos aficionados que procuraram desde então desenvolver criações racionais e com técnicas aperfeiçoadas, conseguindo resultados surpreendentes. Hoje eles são criados mesmo em apartamentos ou em parques e em chácaras de onde os produtores brasileiros vêm abastecendo restaurantes e apreciadores de escargot como produto de excelente qualidade, que lhes proporciona considerável rentabilidade.

CAPÍTULO 6

VALOR NUTRITIVO

O valor nutritivo da carne de escargot é bastante grande. Ingrediente usado para a feitura de diversos pratos que são considerados iguarias finas em culinária, essa carne tem uma composição química semelhante à de uma grande variedade de peixes de água doce. Cada 100 gr de carne de escargot equivale a cerca de 60 a 80 calorias. É uma carne pobre em lipídios, o que é recomendável para pessoas que sofrem do fígado e também arteriosclerose e obesidade. Também por ser rico em cálcio, sua ingestão é recomendada para casos de raquitismo. Alimento rico em sais minerais tais como magnésio, zinco, cobre, manganês, além de cobalto e iodo.

Alguns autores apresentam a composição da carne de escargot da seguinte forma: *Para 100 grs de carne:*

cobre	0,07 %
enxofre	1,40 mg
iodo	0,006 mg
vitamina C	15 mg
lipídios	0,8 %
cálcio	170 mg
ferro	3,5 mg
magnésio	250 mg
zinco	2,2 mg
água	82 %
proteínas	15 %
glucídios	2 %
calorias	60 a 80

Tabela Comparativa - Valor Nutritivo

	Escargot	Vaca	Frango	Peixe
Água %	84	71	73	82
Proteínas %	15	17,0	14,1	16,0
Lipídios %	0,8	11,5	12,0	1,2
Sais Minerais g	1,93	9,9	0,8	0,26
Calorias 100g	60-80	163	120	70

Sais Minerais (1.000g de substância seca) em g:

Níquel	0,77
Cobalto	0,16
Boro	0,11
Cobre	0,70
Manganês	0,09
Alumínio	0,19
Chumbo	traços
Estanho	traços

Os dados acima referem-se ao gênero Helix (Gros Gris – Petit Gris).

Está sendo iniciada no Brasil uma bateria de análises laboratoriais a respeito do Achatina que é o objeto principal deste livro.

Características da carne de escargot:

1) É muito rica em sais minerais, principalmente cálcio, contendo quantidade desse elemento equivalente a mais do dobro da encontrada nas carnes de Vitela e Frango.

2) É uma carne magra, de baixa caloria, como pode ser verificada pela tabela apresentada mais adiante;

3) Possui um sabor típico que, em alguns países, é considerado melhor que o das ostras;

4) Possui vitaminas, principalmente a vitamina C;

5) É rica em proteínas;
6) É de fácil digestão;
7) Oferecemos, para comparação, uma tabela com o valor calórico da carne de escargot e a de outros animais.

Animal	Núm. de calorias em 100 grs de carne
Coelho	137
Vitela	115
Frango	85
Escargot	60 a 80

Concluindo, dizemos que a carne do escargot é de fácil digestão, em virtude da ação dinâmica específica reduzida na proporção exata requerida para a síntese de proteína e demais usos do organismo humano.

CAPÍTULO 7

FARMACOPÉIA

Existem inúmeros registros que desde a Antigüidade o escargot era recomendado como remédio para males do estômago, para partos, etc.

Desde a Idade Média, já se utilizava a água onde se fervia os escargots para combate às doenças como bronquite e dores de garganta. Fazendo cataplasmas e também para diversas afecções gastro-intestinais.

A "baba" era empregada para a cicatrização de todos os tipos de feridas e para tratamento de hérnia, problemas da vista e hemorrágicos.

Nesta mesma época também se recomendava o consumo de escargots vivos para o tratamento de úlcera gástrica e para o tratamento de tuberculose pulmonar, retirando-os das conchas, durante uma semana e em todas as refeiçoes, com curas milagrosas..

Foi bastante recomendado, para deixar a pele suave; largamente usado para a eliminação de verrugas e para diversos tipos de inflamações.

Outra finalidade que foi muito explorada nos tempos antigos, dos quais se tem registro, é o cozimento dos escargot, cuja água era açucarada e esse líquido considerado como excelente reconstituinte das forças das pessoas.

Podemos até imaginar que alguns dos costumes antigos passavam até por crendices, mas temos indicadores atuais que comprovam o valor terapêutico do escargot. Por exemplo: os aminoácidos contidos na carne do escargot e na própria baba, vêm contribuir para a reconstituição dos tecidos gástricos; ora, a integridade dos tecidos gástricos ou a sua reconstituição representa a cura da úlcera.

O escargot é rico em sais minerais e ferro, daí concluir-se ser muito benéfico para as épocas de gravidez e amamentação.

Outra indicação também de sua utilidade terapêutica, é que por ser um alimento bastante rico em cálcio e ácidos graxos polissaturados, a carne do escargot é recomendada para pessoas que estão com raquitismo e também para o combate ao colesterol, formação óssea e osteoporose.

É uma carne pobre em lipídios, portanto muito boa para arteriosclerose, obesidade e doenças do fígado. Como percebemos, as indicações farmacológicas são várias com referência a esse animal tão valioso para o homem.

No Brasil, a farmacopéia derivada do escargot ainda está bastante pobre. Nos países europeus existem xaropes expectorantes industrializados e também batons, e outros diversos produtos da área de cosméticos: cremes suavizantes, que têm sido utilizados com muita eficácia e a baixo custo, em virtude da abundância de matéria-prima, o escargot.

Com base científica ou não, diz-se que o escargot consumido sob as mais variadas formas, tem excelentes capacidades e propriedades afrodisíacas. Uma curiosidade é que até poucos decênios atrás, a própria França utilizava nas suas placas de identificação de farmácias uma espécie de colar feito de conchas de escargot.

No início do século XIX, o dicionário de história natural editado na França, já considerava a "baba" do escargot como um dos melhores remédios para a conservação da pele feminina, para mantê-la com bastante brilho e lisa, como é o desejo de tantas mulheres!

Excelente cosmético contra rugas e até contra queimaduras e, especialmente, estrias.

É inesgotável o número de possibilidades que oferece o escargot para compor medicamentos e tantas formas de cosméticos.

No Brasil, inicia-se essa fase de exploração econômica nas duas áreas.

CAPÍTULO 8

DOENÇAS POSSÍVEIS

São animais bastante primitivos do nosso planeta e conseqüentemente com uma resistência orgânica muito boa, porém, como todo ser animal, está sujeito a doenças que podem ser causadas por parasitas, organismos patogênicos como os vírus, bactérias e fungos, principalmente quando estão estressados.

Apesar da escassa literatura a respeito da criação de escargot, temos vários registros efetuados na prática e outros registros colhidos dessa própria escassa literatura que classificam as principais doenças que atacam esses animais. Uma das doenças é uma infecção por pseudomonas que ataca os intestinos dos animais, que os paralisa e os incapacita para qualquer atividade.

O escritor francês Michel Rousselet registra estudos sobre parasitas assinalando que eles acarretam a diminuição do crescimento dos escargots, o que representa grande perda para o criador, recomendando lutar contra eles, por exemplo, usando um anti-helmíntico que, adicionado aos alimentos, age com eficiência sem prejudicar os moluscos.

Podemos citar também a "postura rosa", que é causada pelo fusarium, que é um microfungo que vem parasitar os ovos dos escargots, tornando-os com uma cor rosa e às vezes até café com leite, o que faz com que os mesmos não venham a eclodir.

Os parasitas podem atacar os escargots quando estes passam a se chamar animais hospedeiros. Alguns parasitas são classificados até como inofensivos aos hospedeiros, mas outros lhes sugam o sangue e outros líquidos, podendo causar até a morte.

Os trematóides podem ser também prejudiciais aos escargots; os que vierem a comer fezes de pássaros infestadas com esses ovos e vindo a eclodir no interior do escargot, essas larvas vão se movimentar, localizando-se em diversas áreas do corpo, quando os animais começam a inchar.

Nas criações em caixas é necessário cuidado redobrado quanto aos ácaros; pelas condições de umidade, podem proliferar rapidamente. Os ácaros, com menos de um milímetro de comprimento e de cor clara, são velozes nos movimentos, às vezes invisíveis a olho nu, também são parasitas dos escargots, podendo danificá-los. Também pode ocorrer o atrofiamento das glândulas hermafroditas e das glândulas albuminíferas, atrofiamento esse causado pelo ataque dos esporocistos de trematóides; também vermes nematóides podem enfestar os escargots. Esses vermes podem ser encontrados tanto nas fezes dos escargots como na própria mucosidade excessiva e muitas vezes no solo, daí a importância de uma higiene perfeita da criação.

Ainda sobre ácaros, informamos que o Linacum e também o ácaro Philodromus atacam a cavidade pulmonar dos escargots causando infecções; daí cuidados especiais para quem cria em caixas onde a umidade poderá ser grande e propiciará criação de ácaros. Outros cuidados precisam ser tomados com os escargots com referência aos insetos que podem depositar suas larvas e às vezes colocam de 20 a 40 ovos na concha ou no próprio corpo dos escargots; em seguida esses ovos eclodem e mais ou menos uma semana depois essas larvas se movimentam. Essas larvas chegam a comer o próprio escargot, apodrecendo o animal. A rachadura das conchas, em virtude de pequenas quedas dos animais, principalmente do Gros Gris e do Petit Gris, que são mais sensíveis, pode causar infecções e morte ou retardamento muito acentuado do seu crescimento.

Como os escargots vivem aproximadamente 5 anos, as matrizes reprodutoras devem ser tratadas com muita atenção, para que quebraduras de suas conchas não venham a ocorrer ao longo do tempo.

Vamos recapitular um pouco. Os microfungos são aqueles que parasitam os ovos tornando-os com coloração rosa ou próxima do marrom. Em questão de bactérias, a principal é aquela que causa a Pseudomonose (aquela doença que ataca os intestinos) e essa bactéria é aquela que se chama pseudomona aeroginosa.

Os vermes nematóides são aqueles que atacam as glândulas hermafroditas e também as albuminíferas, que levam ao atrofiamento dos animais, e o ácaro principal é o ereymetes limacum que vai lá no pulmão e se alimenta das substâncias sangüíneas dos escargots, constituindo causa de alta mortalidade. Falamos em dípteros, que são os mosquitos Phebellie e o Sarcaphaga que em sua forma larvária atacam bastante o escargot.

Apesar de sem relato no Brasil, outros inimigos naturais são encontrados na África e Ásia. São eles: Loampyridae (que é um coleóptero), Euglodina rósea (ataca o adulto gigante africano debilitando-o), Geoplona sp (observado na África, atacando os ovos e adultos de Achatina, produzindo a diminuição deles de uma forma considerável).

Para evitar as doenças, precisamos estar sempre fazendo a faxina dos utensílios, das caixas, dos parques, sempre usando a cal; misturar com água e proceder à limpeza. Outra maneira de desinfetar bem os parques e as caixas é usar o lança-chamas a gás, quando estará queimando os ácaros e deixando bem imune o ambiente para criação desses animais.

Lembre-se que quando você adquirir escargots que estejam vindo de outro heliário, deixe-os em quarentena, isto é, durante um período de aproximadamente 15 dias mantenha-os em outro ambiente que não aquele onde estão os animais de sua criação, para que você possa verificar se não vieram com alguma doença infecciosa ou parasitária.

A partir desse momento então você estará tratando desses animais fazendo as necessárias desinfestações e esterilizações para que eles possam ser introduzidos nos ambientes onde estão os animais sadios da sua criação.

Os animais em geral de sua criação que estiverem apresentando sintoma de doenças devem ser afastados da criação; mantenha-os numa caixa em ambiente separado, bem distante dos sadios.

Após tratá-los e quando estiverem totalmente recuperados – e só então – reconduzi-los ao convívio dos demais animais do criatório.

Principais doenças que podem atacar os escargots

Doenças	Sintomas/Comportamento
Pseudomonose (bacteriose)	– Provocada por bactérias (Pseudomona aeroginosa). – Não se recolhe à concha. – Odor forte. – Expele líquido esverdeado.
Postura Rosa (fusariose)	– provocada por fungos (fusarium) – ataca ovos coloração rósea. – ovos chocam e não eclodem.
Acarose Nematóides	– Escargot fica imóvel. – Alojam-se nos orifícios e se alimentam dos líquidos do escargot.

CAPÍTULO 9

PREDADORES DO ESCARGOT

Encontramos predadores de escargot entre os mamíferos: cachorros, gatos, raposas e outros, além de insetos: besouros, formigas, moscas, que, além de prejudicarem os próprios escargots, podem comer os ovos.

Precisamos também ficar vigilantes quanto ao uso de produtos químicos que são de grandes "predadores" dos escargots. Esses produtos químicos são introduzidos pelo próprio homem, como os desinfetantes, detergentes e outros produtos que podem inclusive dizimar ou eliminar a nossa criação.

O que podemos fazer para controlar os predadores? Devemos cuidar da limpeza do próprio heliário, não deixando restos de comidas que podem atraí-los.

Também os animais silvestres, dependendo da localização do heliário, se estiver próximo a alguma mata ou algum local um tanto quanto insalubre este poderá estar atraindo sapos, tatus, cobras e lagartos. Advertimos especialmente quanto aos males que as formigas podem causar; em muitos casos, precisamos colocar nos pés que sustentam as nossas caixas nos criatórios, água em volta, se necessário até com algumas gotas de óleo queimado de motor de automóvel para repeli-los.

A natureza é bastante pródiga; em virtude da prolificidade dos escargots, ela mesma providencia predadores de forma que os mesmos não se multipliquem de forma desastrosa no seu habitat natural. A natureza é sábia.

Naturalmente os helicicultores que optaram por criação em caixas em ambientes fechados, têm diminuída essa possibilidade de ataque dos predadores; já aqueles helicicultores que optaram por criação em parques abertos ou semiabertos, ou em criações mistas, estão mais passíveis de terem as suas produções atingidas pelos predadores naturais do escargot.

Quanto ao predador homem, é interessante notar que, apesar das criações intensivas comerciais que existem hoje, tão proliferadas por todo o globo terrestre, ainda alguns países do primeiro mundo como Alemanha, França e Itália, têm leis (e leis recentes) que proíbem a caça desses animais a céu aberto. Em alguns países é proibida a captura ou a caça dos escargots a partir do pôr do sol e, em outros países da Europa, a captura de animais com menos de três centímetros de diâmetro de concha, quando existe inclusive um aparelho especial dos fiscais para se medir esse tamanho.

Um simples descuido pode fazer com que animais diversos, mesmo o cachorro, assim como toupeiras e outros animais silvestres, penetrem nesses ambientes dizimando grandes percentuais dos escargots de diversas idades.

Todos os operários envolvidos deverão estar permanentemente alerta quanto aos predadores, terrestres, aquáticos, anfíbios e os alados, sendo treinados quanto aos cuidados a serem tomados para se evitar o ataque aos indefesos escargots.

CAPÍTULO 10

HIBERNAÇÃO, ESTIVAÇÃO E OPERCULAÇÃO

Dentre os diversos cuidados que temos de tomar para alcançar alta produtividade de nossa criação de escargot, está o controle do ambiente, de forma a evitarmos que os animais entrem em hibernação ou estivação (após opercularem).

Tudo que puder ser trabalhado no sentido de melhor produtividade, isto é, tanto a melhoria genética dos animais quanto a melhoria do valor nutritivo dos alimentos, como o controle das possíveis doenças que podem atacar os animais, teremos também o cuidado de trabalhar para que não ocorra a hibernação e estivação.

O que é a hibernação? O que é estivação?

O escargot está passível de entrar em estado de hibernação, isto é, no sono hibernal, sempre que a temperatura descer abaixo de 10 graus centígrados.

A partir desse momento, o animal opercula para se abrigar, preparando-se assim para entrar em sono.

O que é a operculação? Operculação é a operação realizada pelo escargot para fechar (tampar a sua concha), protegendo-se do ambiente excessivamente frio ou quente, e também para se proteger de eventuais predadores, pois durante o sono fica em estado de "morto".

O escargot forma o opérculo que é uma membrana com cor esbranquiçada, formada de cálcio e que fica relativamente dura.

Essa membrana, conhecida como opérculo, também é conhecida como epifragma, sendo calcária.

Em nosso país os escargots estão muito pouco passíveis de hibernação. Somente nas regiões mais frias, em altos de serras e em localidades próximas à cidade de São Paulo, normalmente é que isso pode ocorrer e, eventualmente, em outras regiões quando houver registro de baixas temperaturas por um tempo mais prolongado.

Um fenômeno interessante que acontece na hibernação ou estivação é que o animal, antes de recolher-se à sua concha, faz uma autopurga: limpa totalmente o seu intestino, deixando de comer e somente após é que entra na sua concha e efetua a operculação.

Na Europa, os escargots operculados têm garantia de alta qualidade, pois é característica desses animais (os operculados) jejuarem previamente.

Em uma criação comercial de escargots, a hibernação e estivação devem ser evitadas ao máximo, porque o crescimento e o desenvolvimento do escargot e a sua reprodução estarão seriamente atingidos. Sem contar que durante a letargia o animal perde 20% a 25% do seu peso, o que vem representar prejuízo para o produtor.

A hibernação e estivação são defesas naturais do escargot, que a própria natureza providenciou, pois se criados em ambientes abertos, soltos na natureza nas temperaturas extremas, não encontrariam alimentos em quantidade necessária para a sua sobrevivência. A natureza faz com que os animais fiquem agasalhados ou protegidos do frio ou calor intensos e que passem a consumir de suas próprias forças que armazenaram em seu corpo. Hibernando ou estivando, os animais ficam num verdadeiro estado de letargia ou sono profundo, aparentemente mortos.

A temperatura do seu corpo fica baixa, seus batimentos cardíacos bastante raros e assim também os seus movimentos respiratórios. Todo o metabolismo orgânico do animal fica diminuído.

Com a volta da temperatura ambiente a níveis desejados, o escargot acorda, seu organismo vai acelerando o ritmo e suas funções voltam a ser reativadas.

Encontrando condições externas de temperatura e umidade adequadas ao seu funcionamento metabólico, sai da concha e começa comer vorazmente alimentos que encontrar pela frente.

Temos, pois, que ficar alertas, de forma a oferecer aos escargots em criação maior similaridade ambiental possível, pois os mesmos estão preparados pela natureza para viver dentro de determinadas condições, as quais lhes devemos propiciar.

Quanto às temperaturas mais elevadas, não existem maiores preocupações com referência ao Achatina, pois temperaturas de até 38 graus centígrados ambiente são suportadas pelos animais, que não entram em estivação com o ambiente nesses níveis.

É interessante observarmos o quanto é complexa a formação desse opérculo; vejamos a sua composição química:

Composição Química do Opérculo (WICKE) em %:

Carbonato de Cálcio	86,75
Carbonato de Magnésio	0,96
Fosfato Alcalino-Terroso	5,36
Fosfato de Ferro	0,16
Silicato	0,35
Substância Orgânica	6,42

Os animais fisicamente debilitados, dificilmente conseguem opercular e vão à morte; animais mais velhos hibernam ou estivam mais cedo que os demais.

A palavra hibernação vem de Hiberne, do latim, por isso a classificamos como "estivação" para os estados letárgicos dos escargots que não resultantes das baixas temperaturas, pois Hiberne (em latim) quer dizer inverno, em português.

Então, quando se registram extremos de temperaturas altas, incompatíveis com a vida dos escargots, que normalmente aqui no Brasil, após o processo de adaptação, são as acima de 28/29 graus para o Gros Gris e Petit Gris e, acima de 38, para o Achatina, inicia-se então esse estado de entorpecimento, ou "estivação" (também oriundo do latim, palavra aestivo). Essa estivação também se origina não somente do aumento da temperatura acima dos níveis citados, mas pode ser causada pelo excesso de umidade ou pela necessidade fisiológica de repouso por exemplo, se o animal ficar sempre no escuro, passando a ter uma necessidade de repouso; pela falta de água para o seu consumo próprio, pela exposição ao sol continuamente desses animais, ressecamento através do vento, poeira, luminosidade em excesso e até falta de alimentação ou uma alimentação que não satisfaça as necessidades dos escargots.

O escargot em habitat próximo do natural, luz de dia, escuro à noite, boa alimentação, temperatura estável, umidade relativa do ar ideal, faz com que o seu criatório tenha um sucesso total.

CAPÍTULO 11

REPRODUÇÃO E PRODUTIVIDADE

O escargot é um molusco terrestre e ovíparo. Sendo um animal hermafrodita (que tem os dois sexos) – é um indivíduo incompleto.

Incompleto porque necessita de um outro escargot para que haja a fecundação dos seus ovos.

O escargot, variando um pouco de espécie para espécie, atinge a idade adulta por volta do 5º ao 6º mês de vida. Isso aqui no Brasil, onde o clima é mais estável, propiciando essa precocidade.

O escargot se utiliza de um ninho feito na terra, para a postura dos ovos.

O Acasalamento:

O escargot escolhe de forma bastante seletiva seu companheiro. No caso do Achatina, a exemplo semelhante de outras espécies, percebemos que existe a fase de preparação ou de "namoro" entre os indivíduos. Os dois escargots que se selecionaram ficam durante algumas horas tocando o corpo um do outro e encostando suas rádulas. Depois desses primeiros preparativos, iniciam um contato mais estreito com o surgimento de um dardo que se apresenta como um estilete de 2 a 3 milímetros, com a qual um vem incentivar o outro, fustigando-o. Esse dardo poderá, ao tocar no outro indivíduo, espetá-lo e vir a quebrar-se, quando o escargot necessitará de aproximadamente 72 horas para recompor esse orgão que foi perdido. Após esse prazo, inicia-se novamente o contato amoroso. Esse dardo incentiva e provoca sexualmente o parceiro.

Após essas horas ou até 2 dias de namoro, acontece o acasalamento, quando um escargot introduz o pênis no outro e vice-versa, acontecendo a emissão ou expulsão dos espermatozóides oriundos do espermatóforo.

Os escargots permanecem nessa posição de união conjugal ou amorosa por um prazo costumeiramente de 10 a 12 horas.

Nesse momento os espermatozóides sobem através das vias genitais femininas conhecidas como oviduto e vão até a "bolsa de fecundação", onde permanecem à espera dos óvulos. Depois que os indivíduos já expeliram os espermatozóides, iniciam a expulsão dos ovos que saem da gônoda e descem pelo canal hermafrodita e vão encontrar os espermatozóides do parceiro, quando então acontece a fecundação.

Fecundação:

Os óvulos, já fecundados, recebem uma cobertura de calcário e outra de albumina da glândula Albuminífera, formando então a casquinha do ovo.

Esses ovos, em seguida, estão prontos para a postura.

Postura:

Após o acasalamento que propiciou a fecundação, temos um período de espera que pode variar de 10 a 30 dias para que venha a ocorrer a postura. Depende também bas-tante das condições ambientais como: disponibilidade de ninho, se nesse ninho – terra ou humus – está com a terra fofa, se essa disponibilidade não está sendo prejudicada pelo excesso de escargots com necessidade de postura, além da própria umidade relativa do ar e da temperatura ambiente necessárias.

Normalmente o Achatina adulto já estará sendo mantido em caixas ou parques com húmus, onde farão a postura; já Gros Gris e Petit Gris precisam ter disponíveis com húmus algumas tigelinhas, copos plásticos, parte inferior de garrafas plásticas de refrigerantes ou similares, para serem usados como "ninhos de postura".

Esses potes (os ninhos) necessitam ficar com aproximadamente 2/3 de terra.

A falta de disponibilidade de ninho poderá fazer com que o escargot protele a oportunidade da postura.

Sem as condições ideais, o escargot poderá também interromper a postura que normalmente leva de 6 a 7 horas, podendo chegar até a 30 horas, necessitando aí procurar outro ninho, quando poderá não estar com forças suficientes para cavar, pois esse ato constitui um desgaste bastante grande para o animal.

Preparando-se para a postura.

O escargot faz o ninho cavando de 4 a 8 cm na terra, ou (húmus) utilizando-se da parte posterior do pé. Após feito o orifício na terra, ele entra com a parte anterior do seu corpo, quando ficará visível apenas parcialmente; muitas vezes, fica totalmente debaixo da terra.

Acontecem casos extremos de stress dos escargots nesses momentos de esforço, tanto para cavar o ninho como durante a postura, vindo ou a opercularem após a postura, como medida de autoproteção ou chegando até a morte, em virtude desse stress extremo.

Numa postura normal, após encerrado o ato, o escargot cobre o ninho com terra, sendo que algumas matrizes imediatamente saem à procura de alimento, porém outras permanecem ao lado do ninho por mais uns 30 ou 40 minutos, aparentemente verificando a segurança do mesmo antes de se ausentarem.

Estudos laboratoriais indicam a possibilidade da autofertilização dos escargots, especificamente do Achatina, pois fizeram postura de ovos fecundos sem ter acontecido o acasalamento ou cópula, porém foi necessário o preparo prénupcial com a proximidade de outro escargot que o estimulou ou até com apenas a presença de um espelho onde o animal se enxergava, porém são casos raros laboratoriais.

Registramos que os escargots, inclusive o Achatina, quando fazem o ninho, expelem uma secreção viscosa para sedimentar previamente as paredes internas.

Os ovos, já dentro dos ninhos, deverão merecer cuidados especiais como: não expo-los ao sol e não serem encharcados para não serem prejudicados. Observamos que normalmente os ovos são claros e amarelados; a postura ocorre de três a quatro vezes ao ano, e o Achatina é o mais produtivo dentre os escargots criados no Brasil, pondo em média 200 a 400 ovos por vez. Os outros escargots criados no Brasil põem aproximadamente 1/3 do número de ovos do Achatina.

Após a postura, existe um período de 10 a 15 dias, às vezes um pouco mais dependendo das condições ambientais, para que venha ocorrer a eclosão, com o rompimento da película que cobre os ovos e o novo escargot cavando a terra ou húmus e aflorando.

A eclosão, segundo observações, no caso do Achatina, é de 85% dos ovos no mínimo. Nas outras espécies, fica por volta de 70 a 75%. Obviamente este percentual oscila tanto em função das condições hereditárias (fecundidade, fertilidade e prolificidade) como também das ambientais.

A observação da fecundidade dos escargots é bastante importante para o criador, pois é a capacidade de o escargot produzir ovos. Ela é medida pela regularidade da postura. Já a fertilidade é a condição que possuem os elementos geradores, de produzir filhos vivos. A observação do número de ovos que eclodem é muito importante.

O escargot pode ser fecundo e não fértil, porém nunca o contrário, obviamente.

Prolificidade é a capacidade do escargot produzir descendentes em grande número, daí a necessidade de uma boa seleção das matrizes reprodutoras do heliário.

Os escargots recém-nascidos deverão ser retirados do ambiente original onde nasceram (apartá-los das matrizes), sendo levados para os cuidados especiais em caixas criatórias próprias para a primeira idade. Essa coleta deverá acontecer de forma muito carinhosa e levemente através de uma colher ou de uma pequena pá, pois os animais são bastante sensíveis.

CAPÍTULO 12

CUIDADOS BÁSICOS

- Higiene,
- Temperatura,
- Umidade,
- Nutrição e
- outros cuidados.

Quanto melhores forem as condições que o criador puder oferecer aos animais, maior será o sucesso para a criação dos escargots.

Os escargots são de fácil adaptação se lhe oferecermos condições próximas de seu ambiente natural, quando estaremos aumentando chances de sucesso da criação desses moluscos.

A vida dos escargots está intimamente ligada a diversos fatores ambientais, tanto de temperatura, como de umidade, como a qualidade do ar, intensidade da luz, presença de ventos e também quanto a sua nutrição, e especialmente quanto a higiene, além de um clima regional propício à sua criação.

Higiene:

A higiene é, sem dúvida alguma, um dos fatores principais do sucesso da criação dos escargots. A produção daquela "baba", que é uma secreção de uma glândula situada logo abaixo da boca, é uma necessidade do animal, que além de auxiliar no seu deslocamento, tem a função de atuar como elemento cicatrizante e germicida. Por esse motivo, quando em locais com grandes contaminações, o escargot tem necessidade de liberação excessiva dessa "baba", o que poderá levá-lo a uma situação de strees e, conseqüentemente, queda da resistência e até paralisação, parada do crescimento e até a morte.

Também, a falta de higiene poderá levar à formação de grandes populações de microorganismos, que com o correr do tempo podem aumentar os riscos patogênicos. Fará também com que os animais estejam circulando entre uma quantidade abundante das próprias fezes, quando poderão vir a se alimentar das mesmas, com grandes prejuízos grandes sobre a sua saúde e crescimento, obviamente.

A periodicidade de limpeza dos ambientes onde estão sendo criados os escargots é bastante discutível: se estiverem sendo criados em ambientes forrados com terra e se essa terra ou húmus estiver com uma relativa população de minhocas, a limpeza poderá ser feita esparsamente, pois os próprios animais subterrâneos estarão efetuando parte dessa limpeza.

Se estiverem em caixas ou em outros recintos sem terra, a limpeza tem que ser feita praticamente todos os dias. Consideremos também que a densidade populacional influirá muito nessa periodicidade de limpeza; se tivermos, por exemplo, 700 animais de um mês dentro de uma caixa de um metro quadrado, a necessidade de limpeza será muito maior do que se tivermos apenas 400 ou 500 animais.

Estivemos comentando sobre a possibilidade de criação em caixas ou parques com terra e húmus. As minhocas podem ser as conhecidas "minhocas vermelhas da Califórnia", podem ser também as minhocas gigantes africanas.

Essa definição de periodicidade da higienização de seu criatório, você mesmo estará definindo levando em consideração a qualidade de sua mão-de-obra, considerando também os demais fatores básicos (umidade, temperatura, etc.), o tamanho das suas caixas ou de seus parques, se estão ou não com terra, etc.

A higiene não deve ser feita com a utilização de sabão, nem sabonete, nem detergente, nem extratos tipo pinho ou eucalipto, mas somente com água e eventualmente – possivelmente de 15 a 15 dias com algumas gotas de cândida em um balde de água para a limpeza das caixas e dos parques. Os animais são muito sensíveis e qualquer produto químico usado na higienização poderá atingi-los gravemente.

Quando você estiver trabalhando com caixas, a limpeza diária, ou de 2 em 2 dias, bem como o seu reabastecimento de água e de ração, poderá ser feita no próprio ambiente da criação. Para a higienização periódica, poderá ser usado um tanque tipo "tanque de lavar roupa" para uma lavagem mais acurada dessas caixas.

Enfim a limpeza e o asseio dos ambientes de criação, de seus utensílios e dos próprios animais, é de importância para uma boa produtividade, um excelente crescimento e resulta em peso relativo bastante grande por metro quadrado de criação.

Temperatura:

Um dos motivos de dificuldade para criação do escargot no continente europeu é exatamente a temperatura que poderá ficar muito baixa em boa parte do ano. É por isso que o Brasil oferece excelentes condições para a criação de diversas espécies, não somente do Gros Gris e do Petit Gris, que se ambientam melhor em temperaturas que oscilem entre 16 a 25/26 graus no máximo, como também e especialmente, no

Achatina que tem origem africana e que se adapta muito bem às temperaturas reinantes em nosso país, que são entre 20 e 30 graus. Temos experiências no Heliário Escargot House, de que mesmo abaixo de 20 graus, com temperatura de 12 graus ambiente, o Achatina continua com suas atividades normais, e também nas altas temperaturas de 35, 37 ou 38 graus ambiente, ainda assim se mantém em atividade, desde que umidificado adequadamente acima de 80%.

Estamos dizendo e frisando, para clarificar, que o animal em atividade normal, numa rotina lógica, tem desenvolvimento muito mais rápido e, conseqüentemente, melhores lucros e produtividade para o produtor.

Nosso país registra temperaturas baixas em algumas regiões, quando então será necessário que se proteja melhor a criação do escargot.

Exemplo: se você já estiver coma a criação num ambiente fechado, sempre haverá a possibilidade de se manter melhor a temperatura nos níveis aceitáveis. Nos casos de você estar com a criação em ambientes abertos ou semi-abertos, haverá a necessidade dessa proteção adicional nas baixas temperaturas. Vejamos: quando estiver em ambiente semi-aberto, existe a necessidade de você estar protegendo dos ventos e das temperaturas mais baixas, com a fixação de encerados plásticos por toda a volta do galpão e até ajudar na cobertura que poderá ser frágil em alguns casos. Nos ambientes totalmente abertos (parques), quando a única proteção for o sombrite, haverá necessidade dessa proteção ser feita de uma melhor forma, com cobertura total dessa área de criação por esses encerados plásticos, cuidando para que, no caso de elevação súbita de temperatura, sejam retirados, pois essas lonas plásticas, muitas vezes de cor escura (preta mesmo), poderão fazer o abafamento do ambiente e elevação rápida da temperatura, em prejuízo dos animais.

A temperatura, ou melhor, as mudanças bruscas de temperatura, poderão causar grandes males a toda produção, pois levam o animal à inatividade, podendo desidratá-lo e acelerar fortemente os batimentos cardíacos e levá-lo a morte. Nesses momentos de bruscas mudanças de temperatura, é importante que os animais estejam muito bem alimentados, quando então, assim fortificados, terão resistência às intempéries que estiverem sofrendo.

Verificamos que a mudança brusca de temperatura, embora possa atingir bastante o criatório, está intimamente ligada à umidade, quando mesmo nesses momentos especiais de bruscas alterações de temperatura, se a umidade relativa do ar estiver perfeitamente ajustada, os riscos de danos aos animais diminuem grandemente.

Esses cuidados básicos, inclusive a temperatura, poderão impedir que os escargots entrem em estivação e hibernação, o que já abordamos no capítulo 10.

Umidade

Atrelada à temperatura do heliário, temos que cuidar muito do fator umidade relativa do ar. Para a medição da umidade, existe um aparelho especial de baixo custo, que você pode adquirir em lojas especializadas em venda de produtos agropastoris, nessas casas em que se vende sal para gado e/ou nutrientes para diversas criações, chamado termohigrômetro.

Esse aparelho de medição é, na realidade, composto de dois instrumentais. Um deles, normalmente à esquerda de quem olha, é um termômetro de temperatura de graus centígrados, desse termômetro comum que nós conhecemos. Do lado direito, também de quem olha, existe um outro instrumento bem idêntico, porém na sua base, junto ao mercúrio, tem uma estopa que envolve aquela esfera, que desce até um recipiente que contém água comum.

A relação entre essas duas medições resulta então na "umidade relativa do ar".

Para os Gros Gris e Petit Gris, convém que a umidade relativa fique acima de 90% e, para o Achatina, acima de 80%.

Na prática, notamos que nos dias mais frios, especialmente quando o céu está encoberto, naturalmente a umidade relativa está mais alta, requerendo menores cuidados por parte do tratador dos animais. Porém, naqueles dias em que o sol está bastante intenso, com calor presente no ambiente, existe a necessidade de um controle rígido dessa umidade que em tais condições cai bruscamente.

Maneiras de manter-se a umidade relativa próxima dos 80% e 90%:

– manter o piso do ambiente molhado;

– se impossível manter o piso do ambiente molhado, ou apenas com possibilidade de mantê-lo parcialmente molhado, as próprias caixas, parques ou viveiros deverão ser borrifados com água pura, com aqueles instrumentos de se borrifar plantas caseiras (plantas ornamentais).

Convém que não sejam aspersores de pingos grossos; tem que ser do tipo nebulização, quando manteremos esses ambientes umedecidos de tal forma que se alcance a "umidade relativa do ar" ideal.

Em criações de maior porte, já são instalados aspersores aéreos ou laterais, que são acionados mecanicamente; um pequeno motor impulsiona a água por esses encanamentos que fazerem essa umidificação, deixando o ambiente parcialmente molhado, idem os animais, que se sentirão bem na umidade dentro dos padrões.

Você pode construir umidificadores de ambientes do tamanho adequado à área a ser beneficiada. Exemplo: caixa de madeira tipo "túnel" que numa das extremidades tem um ventilador que faz passar o ar por entre "perfex" umedecidos em água com sal, levando gotículas por todo a ambiente, mantendo alta a umidade relativa do ar do local.

Umidificador-madeira e perfex

Alguns cuidados com essa umidificação, por exemplo: em criatórios em que se optou por fazer sobre a terra ou húmus, esta não pode ficar encharcada. Todo o ambiente tem que ficar umidificado, porém, na medida exata. Mesmo sem terra, todos os utensílios e os animais têm que ficar apenas bor-rifados, mas não podem ficar dentro da água.

Tanto no caso da umidade diferente da ideal, como no caso de temperaturas extremas ou falta de higiene e nutrição, os escargots podem se esconder dentro de suas conchas, vedando-as com uma película de cálcio quando deixarão de se movimentar e de se alimentarem, com grandes prejuízos para a a produção.

A umidade do ar é bastante necessária para os escargots, porque o seu corpo é formado de aproximadamente 78 a 83% de água.

A baixa umidade e a queda brusca de temperatura e sua manutenção, por longo período, afeta seriamente as posturas, provocando até rachaduras dos ovos, conseqüentemente tornando-os inúteis. Já o excesso de umidade pode ser extremamente prejudicial, pois propicia o surgimento de fungos que pode até apodrecer o pé do escargot, lembrando que seu pé é a maior parte de seu corpo.

Nutrição

Quanto à nutrição, deixaremos dito aqui neste capítulo, apenas sobre alguns cuidados quanto à sua periodicidade e modo de oferecimento aos animais, já que a composição das rações e as recomendações diversas sobre a alimentação em geral estão sendo feitas em capítulo à parte, especificamente no capítulo 16.

Os escargots de qualquer espécie, aí incluído o Achatina, objeto específico de nosso estudo, bem como o Gros Gris e o Petit Gris, precisam de regularidade quanto à alimentação.

Escargots são moluscos, portanto de hábitos noturnos. Com o ambiente escurecido, estarão praticamente em constante alimentação, procurando os vasos, pires e potes onde estão as rações, legumes e verduras.

Durante as horas em que o escargot está em plena atividade, sempre oferecer a alimentação requerida.

Outro cuidado quanto à nutrição, é que sejam oferecidos tantos recipientes quantos forem necessários, suficiente para o número de animais que se encontram naquele habitat, observando que os escargots sentem a presença de alimentos até a distância de 50 centímetros. Por exemplo: não podemos deixar apenas um pequeno pires em lugar onde estejam centenas de filhotes, pois encontrarão dificuldades em acessar e comerão menos que o exigido para o seu crescimento, conseqüentemente atrasando a época para o abate e comercialização.

Lembrar que os produtos oferecidos para a nutrição nos nossos animais têm que ser de boa procedência, ter boa qualidade, em especial no caso dos vegetais e legumes que não poderão estar estragados, devendo estar em plenas condições para consumo animal e sem agrotóxicos.

A ração para escargot deverá ter granulação bastante fina, pois a pequena boca – rádula –, não tem condições de absorver grânulos maiores que um milímetro de diâmetro.

Praticamente todas as espécies de frutas e legumes são consumidas: maçã, banana, kiwi, abóboras, abobrinhas, chuchu, pepino, couve, brócole, beterraba, cenoura, berinjela, e praticamente todas as hortaliças de cor verde.

No caso dos legumes, cortar em finas fatias e oferecê-los eqüitativamente pelo ambiente, diminuindo as distâncias para os animais se alimentarem.

Esses produtos deverão ser oferecidos dentre aqueles mais comuns na região, para que se baixe os custos. Observar que o oferecimento excessivo e exclusivo da alface, poderá ser prejudicial, podendo amolecer as fezes dos animais e torná-los sonolentos.

Outros cuidados básicos:

Cuidado com a utilização de inseticida, raticida, formicida ou outros produtos químicos para eventualmente combater predadores. Poderá dizimar nossa criação.

Vamos tomar precaução de, ao estarmos protegendo os animais contra ventos, não prejudicarmos com a falta da circulação de ar e também com a alternância de luminosidade.

Em condições favoráveis, os escargots têm condições de adquirir peso e tamanho com bastante rapidez, principalmente nos primeiros meses de vida, que é o que interessa ao criador, desde seu nascimento até ao abate.

CAPÍTULO 13

MODOS DE CRIAÇÃO - HABITAT

Entendermos os costumes do animal que nos propusemos a criar, faz com que possamos adaptar da melhor forma possível o "habitat" artificial do escargot.

Qualquer animal tem uma "faixa" de sobrevivência. O gato, por exemplo, será um animal gordo, bonito, peludo, precoce e saudável se, além de alimentar-se de peixes e carnes, estiver "hospedado" numa casa arejada, ampla, com sua cama fofinha e onde todos lhe dão atenção, preocupando-se com o bem-estar desse animal de estimação.

Se o gato fosse comestível e sua pele aproveitável comercialmente para nós, brasileiros, certamente lhe daríamos todas essas condições ideais para seu pleno desenvolvimento e de forma precoce.

É o que deve ocorrer com o nosso escargot.

Em sua vida original e natural, o "Achatina" vive em clima quente e úmido, sombrio e tranqüilo.

Em sombrios de arvoredos, por entre folhas caídas no chão; em recôncavos de pedras, entre suas fendas e brechas, onde a umidade é intensa, é ali que o escargot encontra condições ideais de desenvolvimento.

Sem essas condições ideais reproduzidas no seu habitat artificial, o resistente Achatina sobreviverá; "apenas sobreviverá".

O gato que nunca come peixe nem carne, que dorme entre gravetos, em meio a chuvas e tempestades, comendo apenas restos de comida, possivelmente sobrevive, mas apenas sobrevive magro, "mal humorado", pequeno e sem condições de reprodução ideal de sua prole.

Gato e escargot, cachorro ou girafa, cada um tem suas exigências para uma vida saudável, prolífera e comercial.

O escargot é um animal limpo e, portanto, também exige limpeza de seu habitat.

CAPÍTULO 14

INSTALAÇÕES

As espécies que mais se adaptaram são:
– Gros Gris (grande cinza);
– Petit Gris (pequeno cinza);
– Achatina Fúlica (conhecido como Achatina ou escargot chinês);

O Gros Gris e o Petit Gris são de tamanho pequeno, se comparados com o Achatina e têm carne mais clara.

Já sabemos que os mais resistentes às oscilações de temperatura e umidade, são os Achatina, o que comprovamos em nosso heliário.

Este preâmbulo se faz necessário para que haja entendimento quanto às providências que devem ser tomadas quando da escolha e adaptação das instalações de um heliário, de qualquer porte.

Os heliários podem ser instalados até em "quartinhos", desde que tenham a alternância de luminosidade necessária, arejamento e umidade relativa do ar em níveis altos e espaço necessário para circulação dos serviçais, com condições de "trato" dos animais.

Pequeno "depósito" em chácara

O tamanho das instalações você estará determinando de acordo com o tamanho do projeto que você idealizou e planejou.

Normalmente não se faz necessária a edificação de instalações – o que barateia o projeto –, pois quartinhos, varandas e alpendres de sua própria casa podem ser utilizados.

Em chácaras, sítios e fazendas, casas antigas, galpões desativados, paióis e barracões obsoletos, são facilmente adaptáveis, porque os itens essenciais exigidos para uma criação com sucesso são poucos.

Muitas vezes, apenas algumas janelas precisam ser repregadas, algumas telhas trocadas e eventualmente algum piso retocado com massa forte de cimento, para você ter rapidamente instalações apropriadas e prontas para o seu heliário.

Vale lembrar que uma criação, por dentro e por fora, desinfeta o ambiente, além de ajudar a manter a temperatura interna, pois o branco não absorve os raios solares, que aumentariam a temperatura e diminuiriam a umidade relativa do ar.

Além das dependências acima citadas, outras "instalações" podem ser utilizadas.

Se você tiver optado por criação confinada, isto é, utilizando-se de caixas (que podem ser sobrepostas), as referidas instalações atendem a 100 %.

Caixas sobrepostas

Se sua opção foi uma criação mista confinamento/parque ou exclusivamente extensiva – só parques – você precisa ter lugares com sombras embaixo de arvoredos ou sombrites artificiais.

O "parques" ou "canteiros" são instalações de grandes dimensões que possibilitam a acomodação/criação de grandes quantidades de escargot.

São levantadas paredes de 40 centímetros de altura, que podem ser de alvenaria, placas de concreto, madeira, latão ou outro material.

O fundo do canteiro deverá ter camada de 10 cm de brita, embaixo do húmus, para drenar o excesso de água.

O tamanho desses "canteiros" é determinado segundo as necessidades do heliário.

Parque ou canteiro

77

Existem "parques" de 2m de largura por 8m de comprimento (2 metros de largura possibilita melhor manuseio), de 4m de largura por 10m de comprimento, etc.

As paredes laterais precisam ser vedadas e – importante – a cobertura convém ser com tela-sombrite (preta) quando a sombra precisar ser intensificada, visto que o escargot se resseca quando exposto direto ao sol.

Quando esses parques tiverem dimensões relativamente pequenas, essa cobertura de tela pode ser feita com armações de ripas, armações essas que se justapõem, vedando totalmente, sem deixar brechas por onde o escargot possa passar, posto que o molusco é bastante "fujão".

Se o parque for de grandes dimensões, você cobrirá apenas com tela que se ajuste perfeitamente às paredes laterais e se mantenham "aéreas" com o auxílio de madeiramento (varas) vertical que mantenha a tela suspensa.

Convém que essa cobertura de tela fique distante do chão de húmus do parque, apenas uns 40 cm, porque os escargots estarão caminhando por essa tela e, se caírem uns sobre os outros, podem quebrar a concha, o que retardará seu desenvolvimento.

As instalações devem ter água na quantidade suficiente para os animais beberem, para manter alta a umidade relativa do ar e para a limpeza geral do heliário.

CAPÍTULO 15

CRIAÇÃO - PASSO A PASSO

Depois de todo preparo das instalações, com base no capítulos 13 e 14 e aquisições de utensílios diversos, básicos para a criação econômica do escargot, chegou a hora de você ultimar as providências para colocar em prática o seu projeto.

Todo o treinamento necessário já terá sido efetuado, relativo a todas as fases da criação, pois você não poderá ter surpresas desagradáveis.

Você já terá adquirido matrizes de boa linhagem, da espécie que mais se adaptar à sua região, possivelmente o "Achatina", que é mais resistente e, então, mãos à obra.

As matrizes de escargot necessitam de um habitat com humus ou terra, para poderem desovar, quando penetram aproximadamente 8 a 10 cm no húmus para fazerem seus ninhos. Pode ser terra encontrada, preferencialmente, em barrancos de sua região e esterilizadas previamente.

No ambiente que você escolheu para as matrizes – caixas ou parques – deverão ser colocados mais ou menos 15cm de terra ou húmus, que deve estar livre de fungos e outras impurezas.

Para o preparo da terra, pode ser usada uma lona plástica preta(que absorve calor), onde será espalhada a terra misturada com até 100grs de cal por tonelada, a céu aberto, por dois dias sob o sol intenso, para eliminação de tudo que possa prejudicar os escargots.

Outra maneira de preparar a terra – se tiver urgência –, é usar um maçarico; queimando toda a terra que deverá estar espalhada sobre uma superfície dura e não inflamável. Pode-se também usar o "húmus", que já vem pronto para ser usado.

Muito bem: com a terra preparada e já na temperatura normal colocada nas caixas, as matrizes de escargots serão ali alojadas, na proporção de até 80 exemplares por m² de área.

A terra ou húmus utilizado, deverá estar povoado com minhocas, que providenciam a limpeza dos detritos –fezes, etc. –, gerados pelos animais.

Mais adiante estaremos abordando os cuidados que deverão ser tomados ciclicamente.

As matrizes, assim como todos os escargots em suas variadas idades, necessitam de alguns dias para se adaptarem ao novo habitat; e, somente após esse período, retomam suas atividades normais de alimentação, acasalamento, postura, etc.

Como já vimos, a prole do escargot é de 290 (média) filhotes em cada uma das 3 ou 4 desovas (também média) anuais.

O helicicultor deverá ter preparado parques ou caixas para a colocação dos ovos/filhotes, que poderão ou não ter terra, dependendo da exigência do cliente consumidor.

Examinar individualmente para verificar se não existe algum machucado por queda ou apresentando algum sintoma de doença, o qual deverá ser tratado imediatamente, apartando-o dos demais, se necessário.

Vamos dar as providências que serão tomadas para o pleno sucesso:

Cuidados diários:

– troca da água dos recipientes.

Obs: Os recipientes usados para escargots de pequeno porte devem conter pedregulhos, para os animais poderem transitar sem se afogar;

– reposição da ração, que deverá ser na dosagem certa, tanto para não faltar, como para não sobrar, o que gera prejuízo, pois umedece e endurece com o trânsito dos escargots sobre ela.;

– limpeza rápida das caixas/parques, chão e paredes.

Cuidados semanais:

– fazer limpeza profunda de todas as caixas, preferencialmente sem molestar os escargots, não os tirando das mesmas.

A limpeza é muito importante

Cuidados quinzenais:

– faxina geral deverá ser providenciada desde o chão, paredes e utensílios, até as caixas, parques e os próprios animais, porque a higiene é um dos principais itens que obrigatoriamente devem ser observados com rigor;

– verificar se não existem ratos, aranhas e insetos, caso em que deverá ser providenciada a extinção, sem o uso de venenos que prejudicam a criação.

Os venenos granulados, desde que não exalem gases e não fiquem em contato com os escargots (raticidas, por exemplo) podem ser usados.

Para a limpeza das caixas/parques e utensílios que tenham contato com os escargots não devem ser usados sabões, sabonetes nem detergentes de qualquer espécie.

Para essas limpezas quinzenais, pode ser adicionada uma colher de cal para cada 20 litros de água ou algumas gotas de cândida.

Quinzenalmente verificar também se a qualidade da água continua ótima, inclusive com a necessária ausência de cloro ou sua presença discreta.

Idem se a terra ou húmus utilizado está com a umidade ideal – nunca encharcado e se as minhocas não estão em excesso.

Os detritos de toda espécie retirados do heliário, bem como eventuais animais mortos, devem ser colocados em sacos plásticos de lixo ou enterrados, para que não haja contaminação do heliário, mantendo total limpeza, higiene sem ocorrência de odores.

A qualquer momento que for detectada a superlotação, deverão ser abertos novos ambientes; escargot sem espaço atrasa o crescimento, diminuindo os lucros.

CAPÍTULO 16

ALIMENTAÇÃO DOS ESCARGOTS

A criação de escargot ainda não possui produção industrial de rações. Neste capítulo, estaremos verificando as fórmulas disponíveis e as que mais se adaptam, principalmente ao Achatina, porém estaremos informando rações com excelente aproveitamento para os Gros Gris e Petit Gris.

Os escargots originalmente são animais essencialmente vegetarianos, porém em cativeiro, para produção em larga escala de sua carne, nota-se que a utilização de rações balanceadas tem muito melhor aproveitamento do que a utilização somente de hortaliças.

Os escargots têm metabolismo que necessita bastante de cloreto de sódio, fósforo, cálcio, outras matérias minerais e várias vitaminas essenciais.

Para a composição das diversas rações, são utilizados, dentre outros, alguns farináceos. Vejamos: farinha de peixe, farinha de ossos, farinha desengordurada de soja, farinha de trigo, farinha de milho (que é o fubá).

Também são utilizados como fonte de cálcio, o calcário dolomítico, o pó da casca de ovo e especialmente o pó de ostra que é encontrado abundante e a baixo custo.

Toda criação animal, com a excelência em alimentação, tem a possibilidade de propiciar animais precoces, fazendo com que você consiga fazê-los chegar à idade de abate muito antes do que o normal, usando rações de boa qualidade.

Toda ração deve ser bem peneirada, fazendo os componentes passarem por malha de 1 milímetro. Usa-se 1 milímetro porque os escargots não mastigam, apenas absorvem numa espécie de ralo e por isso a ração precisa ser bastante fina.

Para a dieta do Achatina, segue excelente fórmula de ração:

para a primeira idade (até um mês)

INGREDIENTES	PERCENTUAL (EM PESO)
Farinha de Milho	52 %
Farelo de Trigo	10 %
Torta de Soja	14 %
Carbonato de Cálcio	17 %
Fosfato de Bicálcio	3 %
Nutrientes Minerais	4 %

A fórmula acima deverá ser usada no mesmo ambiente onde estiver sendo oferecido em separado o pó da ostra.

Já para a fase de engorda temos a seguinte fórmula:

fase de engorda

INGREDIENTES	PERCENTUAL (EM PESO)
Fubá de Milho	66 %
Farelo de Trigo	15 %
Torta de Soja	5 %
Carbonato de Cálcio	10 %
Suplemento Vitamínico Mineral	4 %

A ração acima também deverá ter o uso combinado com pó de ostra oferecido em recipientes separados.

Outra excelente ração também utilizada para o Achatina, para na quente região de Assis e Ourinhos no Estado de São Paulo é a seguinte:

todas as idades

INGREDIENTES	PERCENTUAL (EM PESO)
Fubá	47 %
Farelo de Soja	9 %
Farelo de Trigo	13 %
Carbonato de Cálcio	25 %
Fosfato de Cálcio	2,5 %
Premix	3,5 %

Fórmula de ração, que é consumida para a fase de crescimento dos escargots, no Heliário Escargot House, com resultados excepcionais, é a seguinte:

Fubá	30 %
Farelo de Trigo	30 %
Farinha de Ostra	30 %
Ração para crescimento de Frango	10 %

A ração utilizada no Heliário Escargot House para as matrizes reprodutoras é a mesma fórmula anterior, com a modificação de ração de crescimento do frango para ração de postura. Os resultados têm sido realmente excelentes.

Como a ração tem o objetivo de satisfazer as exigências para a manutenção da vida do escargot, bem como suprir as necessidades para rápida produção a nível comercial, as mesmas têm que satisfazer uma série de condições de ordem biológica, física, química, econômica, que é a principal, e zootécnica. Exemplo: as necessidades de ordem química se referem a que a ração deva conter todos os princípios nutritivos, ou seja, glutídios, lipídios, protídios, sais minerais e água, porém a quantidade tem que ser suficiente para atender as necessidades plásticas e energéticas do organismo do escargot.

A projeção nutritiva das rações deve estar de acordo com a espécie do escargot e de sua idade. A ração tem que estar isenta de qualquer substância tóxica, de qualquer substância que seja nociva aos animais.

Temos também as de ordem biológica, que dizem a respeito às vitaminas indispensáveis para o crescimento e desenvolvimento do animal.

As de ordem física, que se relacionam proporcionalmente à capacidade de assimilação e à capacidade digestiva própria dos escargots; e as de ordem zootécnica ou de produção, que para nós almejam a produção da carne e a própria reprodução "rápida" dos escargots.

Acondicionamento da ração

Observar sempre, na montagem da fórmula de uma ração, que ela tem de ser econômica, o mais barato possível dentro do seu maior valor produtivo, pois o escargot, desde o seu nascimento até o abate, para cada quilo do animal vivo, consome aproximadamente 2 quilos de ração.

Paralelamente à utilização de ração para criação, crescimento, engorda e a própria reprodução do escargot, devemos nos utilizar também de frutas, verduras e legumes; sempre que possível, que ao lado do heliário exista uma horta onde haja produção em volume condizente com as necessidades de sua criação.

O próprio sucesso da criação de escargot está intimamente ligado ao custo da produção da ração; os componentes deverão estar apropriados tanto na fase de postura, como na fase de crescimento, pois sem alta produtividade o projeto fica inviável.

A alimentação do escargot, além da boa composição, deve apresentar boa qualidade e ser oferecida em quantidade adequada. Quanto à composição dos alimentos, é necessário que possuam elementos que satisfaçam as exigências mínimas nutritivas dos escargots.

Quanto à quantidade, temos de estar cuidando para que a ração e os demais alimentos em geral que são oferecidos, sejam em quantidade suficiente; diariamente verificar se os cochos, os pratos e os vasos onde estão sendo colocados esses alimentos não estão amanhecendo vazios, caso em que precisamos oferecer maior quantidade. E quanto à qualidade, obviamente, não devemos estar oferecendo alimentos estragados, mofados, com contaminações diversas, alimentos velhos em geral, porque isso pode fazer mal aos mesmos, dizimando a produção.

Para a produção econômica do escargot, temos certeza de que à alimentação a base de frutas, verduras e legumes é interessante; temos, porém, que frisar que, economicamente, a ração dará melhores resultados e possivelmente este fator irá viabilizar a sua criação, pelo seu baixo custo.

O custo médio desses produtos citados fica por volta de 20 a 30 centavos de dólar o quilo, e que, embora o animal consuma bastante ração, com esse preço a criação é viável.

Se você conseguir leite integral a baixo custo para os filhotes de escargot, isto é, no primeiro mês de vida, acrescente às diversas fórmulas de ração indicadas 10% de leite em pó integral. Isso será excelente para os filhotes.

Não é preciso se preocupar se os escargots comerem muito num dia e pouco no outro, porque existem animais que têm essa facilidade de, comendo em um dia, ficar em jejum em outro.

Especificamente para os Gros Gris, temos uma ração indicada por uma Universidade do Rio de Janeiro como sendo a ideal para essa raça, tanto na fase de postura como na fase de crescimento. É assim composta:

Fubá	70 %
Farelo de soja	27 %
Farinha de osso calcinado	0,6 %
Premix	0,4 %
Sal fino	0,5 %
Farinha de ostra	1,5 %

Mesmo fazendo parte da composição da ração, a farinha de ostra deve ser oferecida ao escargot em uma vasilha em separado, para que haja maior calcificação quando sentirem essa necessidade.

Outra ração utilizada para as espécies Gros Gris e Petit Gris, é a seguinte:

Ração para matrizes reprodutoras

Ração de postura de galinha	24 %
Farelo de Trigo	24 %
Fubá	24 %
Farinha de rosca	9 %
Pó de Ostra	10 %
Calcário	9 %

Para os filhotes e os animais em fase de crescimento e engorda, substituir a ração de postura por ração de crescimento.

CAPÍTULO 17

COMO ABATER

O abate, como tudo na criação do escargot, tem que ser efetuado dentro de apurada técnica, em que todos os cuidados devem ser tomados para que o produto final tenha a alta qualidade que o consumidor exige.

O abate é precedido de cuidados especiais, a começar pela seleção dos Achatina que devem estar com a idade de 90/100 dias que, tanto representam a idade mais economicamente viável, como também apresentam o tamanho, desenvolvimento e textura ideais.

Os animais devem ser selecionados de forma a não serem abatidos os eventuais doentes ou com a casca quebrada, que poderá ter machucado o molusco.

Animais abatidos na idade adequada e selecionados de forma correta, representam bom produto e conseqüentemente melhores lucros com a satisfação dos compradores e consumidores.

Inicialmente, deve-se apartar os animais a serem abatidos, colocando-os em ambientes limpos, caixas ou parques, onde permanecerão por sete dias sem alimentação de qualquer espécie. Deve ser oferecida água para que se mantenham bem refrigerados, refrescados e com a sede saciada, de forma que seus corpos fiquem bem umidificados.

Essa prática do jejum levará o animal ao completo esvaziamento de resíduos de seu aparelho gástrico, garantindo, assim, a carne purificada de quaisquer toxinas e eliminando as gorduras, fazendo com que a carne do escargot seja uma das mais cobiçadas, pelo seu sabor, pureza e ausência de substâncias prejudiciais à saúde.

O completo jejum de sete dias (purga) em ambiente totalmente limpo, que deve ser higienizado duas vezes por dia, garantirá animais saudáveis para o abate.

A mortalidade desses animais de 90/100 dias durante o jejum, normalmente é de zero por cento ou com índice percentual bem próximo de zero.

Esse período é denominado "purga".

Atenção: " foi testado no Heliário Escargot House o seguinte: animais que foram colocados em "purga" e que não foram abatidos no final de 7 dias, retornando para caixas e alimentados novamente, 30 % opercularam por 30 dias; 30 % opercularam por até 60 dias e os 100 % dos animais tiveram seu desenvolvimento tremendamente prejudicado, chegando à idade adulta somente com 300 dias (180 é o normal) e apresentando baixa atividade sexual e baixa proliferação".

Dependendo da exigência do mercado consumidor, seja ele nacional, europeu, asiático, africano (do norte) ou norte-americano, a carne do escargot poderá ser aromatizada segundo as exigências. Alguns poderão exigir aromatização de hortelã, outros de erva-doce, outros de erva-cidreira, canela, gengibre, menta, etc., o que poderá ser obtido com o oferecimento aos escargots desses produtos após 3 dias de completo jejum, por um período de 6 horas; depois reiniciar-se-á a purga por mais 4 dias, sempre com a oferta de água em abundância durante todo o período de jejum.

Para se preparar o abate propriamente dito daremos os detalhes de todo um seqüencial para abate caseiro, de pequenas proporções, o que poderá ser multiplicado para atendimento de ação de maiores quantidades.

Para o abate de 2.000 animais, que representará aproximadamente de 20 a 25 quilos líquidos de carne, são necessários os seguintes recursos materiais básicos:
- 1 caldeirão ou panela de 20/30 litros de capacidade;
- 1 bacia plástica,
- 1 fogão com possibilidade de fogo alto;
- 1 peneira de 30 cm de diâmetro;
- 1 espumadeira grande;
- palitos ou garfinhos de "tira-gosto";
- água em abundância;
- vinagre ou limão;
- faca;
- tábuas "de carne";
- 1 escorredor de macarrão.

Com o trabalho de duas pessoas durante quatro horas, todo o serviço será efetuado, vejamos:

A) coloque o caldeirão (ou panela) com 2/3 – dois terços – de água para ferver;

B) enquanto a água não chega ao ponto de fervura, os animais com sete dias de purga, separados para abate, serão lavados em água corrente até se apresentarem totalmente limpos externamente;

C) em seguida, de 50 em 50 serão colocados em bacia de plástico com água com limão ou vinagre, para que essa acidez já force a saída parcial dos escargots de suas conchas;

D) com os escargots já parcialmente fora, leve-os imediatamente para a água (item A), que deverá estar em ponto de fervura, o que os abaterá e os levará a saírem ainda mais das cascas;

E) deixar que os animais fiquem nessa água fervente por mais ou menos 10 minutos, para um pré-cozimento que os amaciará para o preparo futuro de deliciosos pratos tradicionais ou exóticos;

F) com uma espumadeira, retirá-los da água fervente, recolocando-os na bacia para esfriamento. Observar que a "baba" medicinal se soltará quase completamente nesse trabalho de fervura; você precisará, após a retirada de cada lote de animais ferventados, eliminar tanto quanto possível a baba da água fervente (com a espumadeira) para que essa água, agora menos densa, possa servir para o abate dos demais lotes de animais;

G) paralelamente ao abate dos diversos lotes de escargots, já pode ser iniciado o trabalho de retirada de suas conchas com a utilização preferencialmente de garfinhos de aperitivos – 2 pontas –; segura-se a concha do escargot com uma das mãos e, com a outra, espeta-se o animal; após, gira-se o garfinho acompanhando-se as formas helicoidais e o escargot sairá inteirinho de sua concha;

H) a seguir, em uma tábua de madeira – tábua de carne –, com uma faca afiada, aparta-se as vísceras do animal, da sua "carne". As vísceras são bastante visíveis e portanto identificáveis e constituem a parte mais estreita e interna e tem forma espiralada e cor esbranquiçada ou de cor mais clara que a carne;

I) por último, lave bem a carne em água corrente, até que a baba restante se solte;

J) aproximadamente 80 escargots "Achatina Fúlica", pesam um quilo, e estarão prontos para serem embalados.

Para esse abate caseiro, toda higiene deve ser observada, tanto na limpeza dos vasilhames e utensílios, como do ambiente, que deve estar livre de insetos e ser todo azulejado.

Observar que devem ser usadas luvas plásticas durante todo o trabalho, pois os caracóis têm concha rude e às vezes com partes pontiagudas ou cortantes.

A vestimenta dos operadores devem ser padronizadas (brancas) e permanecerem impecavelmente limpas durante todo o ciclo do abate, para preservação total da higiene e conseqüentemente da pureza da carne tão cobiçada.

CAPÍTULO 18

PREÇOS DE MERCADO

Sabemos que os escargots reproduzem-se em abundância, por isso é que dizemos que já no segundo semestre, após o início da atividade de criação, você começa a ter retorno do pequeno capital investido.

O comércio da carne de escargot é feito através de enlatados (que normalmente vêm em salmoura), através de pratos prontos, através da carne *in natura* e também de animais vivos que são utilizados como isca para a pesca esportiva.

Existem treinamentos diversos para o preparo de pratos, que são comercializados de diversas maneiras.

O mercado internacional está em franca expansão, exigindo cada vez mais tonelagem para exportação do escargot brasileiro.

O escargot constitui produto básico à montagem de finos pratos, fina iguaria servida em finíssimos locais.

Preços praticados no mercado:
– Escargot vivo 1 Kg – $ 7,00 dólares.
– Escargot carne *in natura* 1 Kg – $ 25,00 a $ 30,00 dólares.

Costuma-se também comercializar o escargot por dúzia, vejamos:
  – 1 dúzia de escargot $ 3,50 dólares.
  – 1 dúzia de escargot cozido $ 4,00 dólares.

– 1 dúzia de escargot cozido com molho $ 6,00 dólares.
– Pratos prontos congelados $ 12,00 a $ 25,00 dólares.
1 Kg de escargot vivo para isca de pesca esportiva – $ 10,00 dólares.

Escargot importado em lata com 2 dúzias aproximadamente 250 grs:
$ 21,00 dólares.

Requintado prato em restaurante para 2 pessoas: $ 40,00 a $ 100,00 dólares.

Preço de venda de matrizes:
– Achatina por $ 5,00 a $ 6,00 dólares a unidade;
– Petit Gris – $ 5,00 dólares;
– Gros Gris – $ 5,00 dólares.

Quando o produto for para a exportação, você já terá computado, obviamente, eventuais despesas com ICMS, se não isento em seu Estado, com IPI, no caso de enlatados, etc., despesas com COFINS, PIS, comissão de venda, embalagem especial para exportação, transporte, seguros, eventuais despesas com corretagem de câmbio, embarque e até com uma despesa financeira com obtenção de capital de giro, e logicamente, quando você computou todos esses itens, soma isso ao custo da sua produção e vai ter o total das despesas que, deduzidas da receita, resultam no tão desejado lucro.

CAPÍTULO 19

CUSTOS DE UM PROJETO

Como todos os empreendimentos, a execução de um projeto de escargot tem que ser cuidadosamente elaborada e criteriosamente calculado seu custo.

Sem a elaboração do cálculo das despesas necessárias, por menores que sejam, poderá ser prejudicado o desenvolvimento da instalação do heliário, pois o conhecimento do fluxo das despesas, com o delineamento da periodicidade dos desembolsos, é que levará o negócio ao sucesso.

Primeiramente é necessário estar ciente de todos os objetos, utensílios e instalações básicas para se iniciar a criação do escargot.

Atentar para o fato de que um dos motivos do excelente preço de mercado da carne do escargot, é a técnica que precisa ser empregada na criação desse molusco, que é exigente quanto ao seu habitat e às condições ambientais para o seu bom desenvolvimento.

Para isso se faz necessário observar alguns quesitos bastante importantes, tais como espaço necessário, ventilação e utensílios de fácil acesso ao animal.

Estaremos estudando o custo da instalação inicial de um projeto para 100 matrizes, que é considerado módulo ideal para quem deseja iniciar-se na arte da criação de escargot; note-se que é o módulo ideal para quem realmente queira participar dessa atividade visando lucro, para o que é preciso bastante dedicação.

Vamos lá; num pequeno galpão, quartinho ou varanda de aproximadamente 10m², você inicia seu heliário. Na realidade você inicia num espaço ainda bem menor que este, pois os 10m² constituem o espaço necessário para você desenvolver a criação em vista da prolificidade das 100 matrizes.

Com o módulo de 100 matrizes delineado, você montará tantos módulos quantos estiverem no seu projeto global.

Vamos lá – custos iniciais:

100 matrizes	500 dólares
2 caixas de madeira	20 dólares
10 Kg ração	10 dólares
1 aspersor manual	20 dólares
1 termohigrômetro	30 dólares
4 cochos para ração e água	10 dólares
baldes, bacias, espumadeira, faca, etc.	60 dólares
total:	650 dólares

Detalhando:

• *Matrizes:* o preço nacional e internacional é de 5 dólares por unidade, você só poderá pagar preço acima de 5 dólares se as matrizes forem comprovadamente de linhagem superior.

• *Caixas de madeira:* para acomodar as matrizes, duas caixas nas especificações citadas em capítulo próprio são suficientes. Lembre-se que com o nascimento dos filhotes, para completar o módulo de 100 matrizes, você precisará de aproximadamente 100 caixas (empilhadas de 10 em 10) ou construir parque de engorda (vide capítulo próprio), com custo aproximado de 200 dólares, que você poderá ir adquirindo com o produto da venda dos primeiros animais.

• *Ração:* Você encontrará ração pronta a 1 dólar o quilo; com a prática você mesmo estará elaborando as formulações, quando o preço deverá ser de apenas 25 a 30 % do citado.

- *Aspersor manual:* necessário para aspergir água pura no ambiente, mantendo a umidade e temperatura necessárias; poderá ser aquele usado para vasos de plantas.
- *Termohigrômetro:* encontrado em cooperativas e casas especializadas, usado para fazer o controle da umidade dentro dos padrões.
- *Cochos para ração e água:* podem ser pratinhos de sobremesa (louça), aparadores de água em vasos de plantas, etc.
- *Utensílios diversos:* você estará dimensionando a quantidade necessária aos cuidados de seu heliário.

Para um empreendimento de tal envergadura os custos de investimentos básicos iniciais (650 dólares) são bem módicos.

Observe que estamos trabalhando com a hipótese da mão de-obra – 01 pessoa de 04 horas/dia – necessária para o módulo, ser do próprio helicicultor, o que fará os "custos variáveis" serem baixos ou nulos.

CAPÍTULO 20 _____

LUCROS COM UM PROJETO

A constituição de uma Empresa tem como um dos objetivos a geração de lucros.

Nenhuma sociedade é constituída se não houver a expectativa de geração de lucratividade.

Todo esforço físico ou mental tem como recompensa um "acréscimo" para quem o despende.

O "crescimento", para as pessoas que optaram pela criação do escargot, é não somente a grande satisfação pessoal que a atividade oferece, como também um acréscimo nos seus recursos, porque ela gera receita que supera em muito as despesas (lucro), possibilitando a ampliação do empreendimento e "dividendos", – sobras –, que o helicicultor estará usufruindo para sua vida particular, trazendo mais conforto para si e seus familiares.

Estaremos abordando o "lucro com um projeto de módulo simples", como já discorrido no capítulo "Custo de um Projeto", com 100 matrizes.

Caso o criador (helicicultor) opte por um projeto maior, é só multiplicar os valores abordados no módulo com 100 matrizes, pelas vezes que tenha planejado (200, 500 ou 1.000 matrizes).

Com a informação de que cada matriz desova em média 3 vezes por ano, e que, cada postura tem média de 290 ovos, apuramos que a média anual "per capita" do hermafrodita escargot é a geração de outros 870 indivíduos, que serão criados no heliário até a idade de 90 a 100 dias de vida, quando estarão prontos para o abate e comercialização.

Muito bem. Um escargot matriz gera 870 filhotes por ano; 100 matrizes geram aproximadamente 87.000 (oitenta e sete mil) filhotes anualmente.

O peso líquido do escargot na idade de abate – 90 a 100 dias –, é de 12 a 15 grs por unidade (só a carne) e podemos concluir que, em média, 80 animais resultam em um quilo de carne.

Como vimos acima, a produção anual de 100 matrizes gera em torno de 87.000 escargots, o que representa o peso líquido total de carne de no mínimo 1.000 quilos.

O preço histórico mundial do quilo da carne do escargot criado, segundo as especificações exigidas, é de 30 dólares, o que nos apresenta uma receita de 30.000 dólares com a comercialização.

Outra receita que o heliário gera é com a venda de matrizes para criadores iniciantes. O helicicultor poderá fixar como meta a venda anual de 2.000 matrizes, ao preço de 5 dólares, o que resultará em receita de outros 10.000 dólares.

Para a geração de "matrizes" basta que você crie os animais até 150/180 dias de vida, quando alcançam a idade adulta.

Receitas também são geradas com a culinária. O helicicultor estará produzindo "pratos prontos", para serem comercializados, quentes ou congelados, tanto para bares, restaurantes e lanchonetes – que os utilizam como refeição ou "tira-gosto", como para particulares (famílias) que aderirem a esse nutritivo alimento – (veja capítulo 28- Modalidades de vendas – Marketing).

Com certeza você estará acrescentando muitos "tostões" à sua receita anual/mensal.

Vamos ao somatório:
— Receita anual com a venda da carne
1.000 quilos x 30 dólares   =   30.000 dólares

— Idem com a venda de 2.000 matrizes =   <u>10.000 dólares</u>
total   =   40.000 dólares

Mesmo sem considerar o lucro certo com a "culinária", teremos a receita anual de 40.000 dólares.

Se você quiser transformar essa receita anual em receita mensal, que é um costume brasileiro, é só dividir por 12 (40.000 dólares / por 12), que é igual a 3.300 dólares de receita mensal.

Se você optar e montar estrutura para 2 módulos de 100 matrizes, sua receita mensal será de 6.600 dólares e assim sucessivamente.

Outra opção de venda — anual:
— 2.200 quilos de animais vivos   15.400 dólares
— 2.000 matrizes   10.000 dólares
— 120 porções de tira-gosto
   por mês a 8 dólares   <u>11.520 dólares</u>
                                                   36.920 dólares

Podem ser auferidos outros ganhos, com pratos quentes, congelados etc.

Cuidados devem ser tomados durante todas as fases da criação, para que a produtividade média ideal acima citada seja alcançada em sua plenitude.

CAPÍTULO 21

PAÍSES CONSUMIDORES

O mundo todo consome carne de "escargot" como alimento. No Brasil, cada vez mais vem-se consumindo esse tipo de carne, tanto pelo seu valor nutritivo, como pelo seu excelente sabor, além da facilidade de ser encontrado, dada a alta produtividade desse animal. Em nossos dias, mais do que nunca, em virtude da grande população mundial, esse alimento tem sido muito mais requisitado.

Países do 3º mundo, países da Europa, Ásia e Oceania tem consumido essa carne num volume cada vez mais crescente. Temos registro dos países que mais consomem essa carne, a saborosa carne do escargot. São eles:

Também em grande quantidade, a exemplo da França, o Japão e a China.

Veremos no capítulo seguinte a relação de importadores de diversos países e observamos que, para exportação desse produto, cada comprador, cada importador faz uma exigência quanto à qualidade da carne, idoneidade do produtor, modo de produção, quanto à embalagem, quanto ao armazenamento e o transporte até ele, importador.

CAPÍTULO 22

IMPORTADORES - INDICAÇÕES

O trabalho de exportação, isto é, a colocação do produto em outros países, é feito através de empresas especializadas, como veremos a seguir.

Deixaremos agora registrados alguns importadores de diversos países, lembrando que esta relação de clientes e importadores é bastante dinâmica, pois tantos e tantos importadores existem e outros estão surgindo a cada dia. Daremos a informação apenas de alguns importadores que já tiveram registro de operações efetuadas com o nosso país (até 1998).

Segue uma amostragem dos possíveis importadores de carne de escargot ou escargot vivo do Brasil:

CARACÓIS: COM OU SEM CONCHA, VIVOS, FRESCOS, REFRIGERADOS, CONGELADOS SECOS, SALGADOS OU EM SALMOURA, EXCETO OS DO MAR.

SUÍÇA
Empresa: Intercorn Ag
Endereço: P.O.box 150
Cidade: Oberentfelden   Estado: Ag
Código: 00.107
Fone: 064450101
Telex: 982162 ICS
Fax: (64) 432087
Cep: 5036

Empresa: Casic
Endereço: Muenchensteinerstrasse 83
Cidade: Basel   Estado: BS
Código: 00.138
Fone: (61) 3312726-28
Telex: 962712
Fax: (61) (61) 3312612
Cep: 4002

Empresa: Loeb
Endereço: Spitalgasse, 47-51
Cidade: Bern   Estado: BE
Código: 20.095
Fone: 31217111
Telex: 32167
Fax: 31 217236
Cep: 3011

Empresa: Lifschitz co. Zurich
Endereço: Salomon Voegelin - Strasse 31
Cidade: Zurich   Estado: ZH
Código: 20.313
Fone: 1.4817711
Telex: 81 5226
Fax: 1-4826500
Cep: 8038

Empresa: Getro AG
Endereço: Webergasse 15
Cidade: Basel
Código: 20439
Fone: (61) 6819997
Telex: 962863 GTRO CH
Fax: (61) 6819931
Cep: 4058

ALEMANHA OCIDENTAL
Empresa: Sommer Ltd Import-Export
Endereço: Hansestrasse 37
Cidade: Muenster
Código: 21.416
Fone: 2501 6004
Telex: 892521 HSOMM
Cep: 4400

PAÍSES BAIXOS
Empresa: Wylax Internacional Inc.
Endereço: P. O. Box 2
Cidade: Woudrichem
Código: 00.783
Fone: 1833-4357
Telex: 23583 WYLAX NL
Cep: 4285ZG

ESPANHA
Empresa: Guillermo Fernandez
Endereço: C/ Doctor Ferran, 15-2-B
Cidade: Albacete
Código: 00.094
Fone: (67) 504564
Fax: (67) 504564

TAILÂNDIA
Empresa: Common Wealth Commercial CO.LTD
Endereço: 48 Soi Arre 3, Phaholyotin
Cidade: Bangkok
Código: 00.556
Fone: (66-2) 2793218
Telex: 82295 CTCTRAD TH
Fax: (66-2) 2714952
Cep: 10400

CINGAPURA
Empresa: Hai Lee Sea Food Trading CO
Endereço: BLK 25 DEFU LANE 10 01-208
Cidade: Singapore
Código: 00.254
Fone: (65) 280-5489
Fax: (65) 280-8711
Telex: 50791 HLSFTC
Cep: 1953

HONG KONG
Empresa: Oriental Marine Product Group
Endereço: 170 Nan Cheong ST 5TH FL
Cidade: Kowloon
Código: 00.079
Fone: (852-3) 7790021
Telex: 38179 MPG
Fax: (852-3) 7880734

Empresa: Yue Lung Sea Products Trading CO LTD
Endereço: 136 Des Vouex Road, W.G FL
Cidade: Hong Kong   Estado: HK

CANADÁ
Empresa: National Grocers CO LTD
Endereço: 22 ST Clair E
Cidade: Toronto   Estado: ON
Código: 00.893
Fone: (416) 967-2920
Fax: (416) 964-4731
Cep: M4T 2S5

EUA
Empresa: Edmac Foods Inc
Endereço: Northwest Highway
Cidade: Chicago -Estado IL
Código: 91.056
Fone: (312) 792-1900
Telex: 253701 NAPCO
Fax: (312) 792-0822
Cep: 60631

Empresa: Morley Sales CO Inc
Endereço: 809 W Madison Street
Cidade: Chicago   Estado: IL
Código: 93.031
Fone: (312) 829-1125
Telex: 4931732
Fax: (312) 829-3680
Cep: 60607

CAPÍTULO 23

COMO EXPORTAR

Abordamos o assunto exportação, suas formas e seu modo de operacionalizar. Não estaremos tratando neste capítulo sobre as formas de venda interna ao país nem sobre o modo de propaganda ou marketing interno; estaremos abordando as formas de exportação.

Diversas empresas cuidam do assunto exportação em nosso país. Você deverá ter em sua cidade um escritório, ou vários, especializados em providenciar os papéis necessários para se efetuar exportação de produtos brasileiros. Caso sua cidade seja de pequeno porte, o escritório, ou um deles, aí localizado terá condições de lhe indicar um outro de uma cidade mais próxima para essas providências.

Existem também empresas conhecidas como "Trades" (Trade Point). Podemos indicar a Trade Point em Campinas, no aeroporto de Viracopos, fica na rodovia Santos Dumont Km 66, Cep 13051-970, telefone (019)245-5552, fax (019) 245-5111, e que tem inclusive endereço na Internet, que citamos:

E-Mail: tpcampinas hp.rnp.br

Outras informações, você encontrará em uma das agências do Banco do Brasil – exportação – espalhadas por todo o território nacional. Mesmo que essa agência que você esteja procurando não seja especializada em serviços de exportação, ela lhe dará apoio, indicações e informações diversas sobre essa modalidade de comércio através de consultas, repassando informações vindas de agências autorizadas a trabalhos de exportação e câmbio.

Estaremos conversando em outro ponto do nosso trabalho, sobre as melhores formas de exportação, mostrando que é bem melhor trabalhar com cooperativas ou associações, mas que é possível a exportação individual mesmo como pessoa física.

CAPÍTULO 24

COOPERATIVAS E ASSOCIAÇÕES

O comércio de qualquer produto é muito mais vantajoso quando conseguimos efetuá-lo em grandes partidas, em grandes lotes, isto é, conseguiremos sempre melhor preço e consumidores ou compradores permanentes quando tivermos condições de regularidade de uma boa produção no caso do escargot.

Ao invés de eu estar vendendo apenas 30 ou 50 quilos por mês, se estivermos nos reunindo em cooperativas ou associações, teremos grandes oportunidades de comércio, pois estaremos reunindo a produção de diversos criadores, quando centenas de quilos ou milhares de quilos, mensalmente, poderão ser oferecidos para um determinado comprador.

Especialmente no comércio internacional, isto é, para exportação, só conseguiremos efetuar essas vendas se tivermos grande quantidade do produto a ser oferecida.

Os compradores internacionais são repassadores desse produto para diversos consumidores em seus respectivos países e, inclusive, vendedores para a industrialização do escargot, seja enlatado, seco ou desidratado, que requer grandes quantidades do produto. Daí a necessidade imperiosa de se organizar em associações de produtores ou cooperativas, de forma que essas vendas serem facilitadas pela grande quantidade de produção.

Muitos pensarão que a criação de escargot é fácil e lucrativa; realmente assim parece, partindo-se do princípio que para se ter uma criação de escargot, basta construir viveiros, isto é, colocando os animais e que se reproduzirão rapidamente de forma segura, bastando que para isso sejam alimentados adequadamente. Na verdade, para se criar escargot em cativeiro, em suas diversas fases de desenvolvimento, vários cuidados são necessários: por ser uma atividade recente, tem que ser desenvolvida; outros estudos ainda têm que ser efetuados, para que se tenha um perfeito domínio dessa técnica de criação.

Rentabilidade. O que é rentabilidade em helicicultura? Está bastante ligada com a técnica de criação, mas também com a comercialização do produto.

O Brasil está se tornando um dos grandes celeiros do mundo para o abastecimento do escargot no mercado tanto nacional como internacional.

Nosso país reúne todas as condições requeridas para essa atividade; tanto clima, como terras adequadas, materiais (madeira) para construção de heliários, mão-de-obra, tudo isso é de baixo custo. Temos alimentação abundante, grandes extensões de terras disponíveis para o plantio dos componentes das rações.

O Brasil já é um forte competidor em relação à produção dos países europeus. Principalmente quando vemos que as reservas naturais européias tendem a se esgotar, ou pelo menos se reduzirem drasticamente. Este país, o nosso Brasil, oferece as melhores condições para produção. Resta sim, e é o que estamos abordando neste capítulo, a comercialização, que deverá ser feita sempre através de associações e cooperativas, a menos que você venha a se tornar um grande produtor de escargot com a produção de várias toneladas por ano, ou por mês, quando então poderá estar encarando o mercado nacional e principalmente o internacional individualmente.

Estaremos vendo a seguir (capítulo 35) algumas associações de produtores de escargot já existentes em nosso país e que eventualmente você poderá estar contatando para colher mais informações sobre a sua operacionalização e funcionamento de forma geral; sobre as suas necessidades, sobre as suas possibilidades, conquistas efetuadas e até sobre as dificuldades e/ou facilidades encontradas para a organização dessas cooperativas e associações de produtores de escargot.

Nesse capítulo você encontrará os endereços para contato das diversas associações, entre elas a Helipar que é Associação dos Helicicultores do Paraná, também da Escargot & Cia, na Bahia.

Existem também cooperativas organizadas em Goiânia, capital de Goiás; há também a iniciação da formação de cooperativa dos produtores de escargot na cidade de Pirassununga-SP.

Observamos que o SEBRAE tem contribuído bastante na ajuda para a formação de associações e cooperativas diversas, inclusive para associações e cooperativas dos produtores de escargot.

CAPÍTULO 25

INFORMATIZAÇÃO

As atividades produtivas e comerciais de médio e grande porte têm que ser informatizadas.

A velocidade exigida nas tomadas de decisões é bastante grande e está comprovado que quem detém o maior número de informações, e com maior rapidez, é quem consegue as melhores oportunidades e lucratividade.

Aqueles dados importantes que conseguimos, com o acionar de apenas algumas teclas de um microcomputador, poderá levar horas para se calcular e tabular manualmente.

Não há dúvidas. A informatização barateia a atividade produtiva e comercial, uma vez que com relativamente pequeno investimento inicial, passamos a deter informações importantíssimas e ágeis, quando detectaremos necessidades de redirecionamento de ações, ajustes na distribuição da mão-de-obra, alterações nos fluxos de produção segundo as necessidades e completo controle das despesas/receitas e das disponibilidades e fluxo de caixa.

O macroprocesso "criação e comercialização do Escargot" é bastante extenso. Seu controle efetivo, de forma a apresentar a real posição de todos os seus inúmeros itens, é vital para o empreendimento.

A partir do momento em que você perceber que está "perdendo o controle" das atividades, concluirá que já devia ter iniciado a informatização.

Antes que isso aconteça, procure logo se inteirar do que existe no mercado, tanto a nível de equipamentos (Hardware) como de programas (Software).

Comece procurando uma boa escola e/ou profissional que tenha condições de assessorá-lo em informatização. Informe-se corretamente para que não faça gastos inúteis na aquisição de equipamentos, programas e também com treinamento.

Você verá que os valores necessários para se iniciar o projeto são bem menores do que poderá estar imaginando, pois as ofertas de treinamento/acompanhamento e de aquisição de Hardware e Software são bastante grandes (concorrência), o que mantém os preços moderados.

Vamos ao Heliário:

Com um bom micro e impressora acoplada, você ou um seu funcionário deve iniciar fazendo um curso rápido para o treinamento de *operacionalização* do equipamento e do(s) programa(s) que selecionou.

Lembre-se que apenas com conhecimentos básicos você já estará em condições de controlar seus negócios, através dos relatórios que terá programado para serem editados para uso no seu gerenciamento.

Você poderá lê-los na própria tela do computador e/ou imprimi-los para análise mais detalhada.

Nesses relatórios você estará determinando com que periodicidade eles devem ser apresentados (editados/impressos), podendo ser diários, semanais, quinzenais ou mensais, dependendo dos itens que queira controlar e do grau de profundidade que quer dar a esse controle.

Não perder o controle é meio caminho andado para o sucesso.

Digamos que podemos controlar os seguintes (alguns) itens no Heliário:

1 – número de animais com idade de 1 mês, com 2 meses, 3 meses e adultos (matrizes que temos hoje);

2 – projeção da existência de animais para daqui um mês (ou dois, ou 3 meses), considerando-se os crescimentos esperados e os obtidos pela média histórica;

3 – matrizes devem ser descartadas em tais e tais épocas,

4 – Escargots em idade de abate para os 06 meses seguintes (mês a mês);

5 – caixas criatórias que devem ser adquiridas, com cronograma;

6 – caixas que terão suas vidas úteis esgotadas;

7 – quais caixas(todas devem ser numeradas) deverão passar por limpeza e revisão total, por períodos;

8 – cronograma de aquisição de componentes da ração;

9 – cronograma da necessidade de mistura de ração;

10 – projeção da quantidade de ração para os próximos 06 meses, considerando a evolução do rebanho de moluscos;

11 – projeção das épocas de abate e despacho do produto;

12 – projeção da quantidade de embalagens a serem adquiridas;

13 – projeção dos custos;

14 – projeção das receitas;

15 – projeção dos lucros;

16 – controle das entregas a serem efetuadas;

17 – manutenção em dia da correspondência escrita com clientes e fornecedores, agendando;

18 – projeção da necessidade de ampliação das instalações, comparando os custos dos investimentos necessários com o aumento esperado da lucratividade com esse investimento;

19 – projeção da mão-de-obra necessária, para se adequar à realidade;

20 – controle diário da mão-de-obra disponível e necessária para os períodos seguintes;
21 – folha de pagamento e providências fiscais;
22 – agendamento de datas, fatos e eventos que não devem ser esquecidos,
23 – controle da manutenção de veículos, edificações e utensílios do heliário;
24 – além dos exemplos acima, outros tantos (ou mais) itens que você queira controlar, poderão estar disponíveis imediatamente, segundo as necessidades da Empresa.

A manutenção do próprio equipamento utilizado para o processamento dos dados deve ser controlado, para seu perfeito funcionamento.

A cada 180 dias ou antes, você deverá estar reanalisando o seu programa (Software) utilizado no microcomputador, para verificar se ainda está atendendo às suas necessidades ou se precisa ser melhorado, caso em que você deverá procurar um analista de sistemas para o ajudar.

CAPÍTULO 26

INTERNET

Porquê falarmos sobre "Internet" num livro sobre criação de escargot?
Internet neste capítulo e Qualidade Total em outro mais adiante?
É a globalização. É o mundo se esticando e se tornando menor ou mais próximo para aqueles que, alertas, aderirem àquilo que a atualidade exige.
Já vimos sobre a necessidade de "informatização" do "negócio".
O "negócio" precisa estar apoiando em técnicas que o conduzam ao sucesso.
A Internet, que passou por uma verdadeira "explosão"a partir de 1995, precisa ser "visitada" por todos os "homens de negócios".
A Internet aproxima o produtor do seu comprador, o comprador pode se aproximar do cliente final do escargot – o consumidor –, através desse excelente instrumento de comunicação.
Podemos dizer que a internet é a interligação de milhões de microcomputadores em todo o mundo. Em 1998, já passava de 2 milhões de usuários no Brasil, interligados entre si e com o resto do mundo.
Não são somente os "games", filmes, serviços bancários e compras em shoppings que podem ser feitos via Internet.

Montadoras de veículos e concessionárias já "conversam" com seus clientes, montando e entregando os carros segundo as solicitações dos compradores, via Internet.

A Internet é um "ponto de encontro", onde mensagens podem ser divulgadas, por exemplo, informando do desejo de alguém, em alguma parte do mundo, estar querendo comprar x quilos de carne de escargot com estas ou aquelas especificações.

Aí você entabula uma negociação do seu produto.

Existem cursos rápidos sobre a operacionalização e equipamentos básicos para você fazer uso da Internet.

Também nas bancas de revistas e nas livrarias existe farto material para você ter sua iniciação na "navegação" via Internet.

Você pode procurar também um "provedor" de Internet, (ao qual você ficará "ligado") que lhe indicará as maneiras de aproximar produtor/comerciante/consumidores do saboroso escargot.

É um instrumental de negócio que cresce a todo momento e você não pode ficar de fora.

Faça sua linha telefônica e seu microcomputador (ou do seu filho, ou do seu vizinho) vender toda a sua produção, nos melhores preços, tudo isso a baixíssimo custo, pois você poderá estar escapando de muitos "atravessadores" e com a rapidez que os bons negócios exigem e que a Internet oferece.

CAPÍTULO 27

MODALIDADES DE VENDAS - MARKETING

A seguir, algumas dicas sobre comercialização local e nacional. O escargot é um produto com diversas possibilidades de geração de lucros.

Diferentemente de alguns produtos que têm comercialização estritamente definida, canalizando para um único tipo de consumo, o escargot oferece um amplo leque de possibilidades comerciais.

Repugnante para alguns, que não conhecem suas verdadeiras qualidades nutricionais e terapêuticas, os quais ignoram a pureza de sua carne e a completa higiene que apresenta carne tão saborosa e límpida.

Comida fina, substanciosa e de pureza inigualável para outros, que conhecem suas reais qualidades e os métodos de criação desses moluscos dentro das mais rígidas exigências do mais fino gosto e paladar.

Uma coisa é certa. O produto precisa ser divulgado para se tornar conhecido, com todas as suas propriedades salutares.

É o que é denominado "marketing".

Propaganda é o ômega de qualquer negócio, por melhor que seja o produto, mas, se ele permanecer quietinho e silencioso na prateleira, será um eterno desconhecido e fadado a continuar ali, no mesmo lugar, sem gerar satisfação e lucros.

Divulgue, divulgue e divulgue o seu produto - escargot. O helicicultor deve divulgar verbalmente o seu produto de maneira bastante ampla, pois um cliente chega a divulgar para outros 30 clientes um produto que foi bem vendido para ele.

Panfletos distribuídos em semáforos das cidades, de mãos em mãos em lojas, indústrias e repartições públicas, também são excelentes meios de divulgação; devem ser "ilustrados", além de trazerem mensagens objetivas, informativas e com poucas palavras.

Cartazes em locais de grande movimentação de transeuntes: estações rodoviárias, ferroviárias, aeroportos, portas de estabelecimentos bancários e comerciais, principalmente de alimentação pronta e supermercados, também constituem veículo de máxima penetração nas massas humanas, potenciais compradores de produtos comestíveis.

Divulgações através de rádios FM, em especial, são veículos de penetração bastante abrangente junto às populações pretensamente potenciais compradoras; divulgar os produtos que estão sendo oferecidos para comercialização de forma bem objetiva e o endereço para compras e encomendas de forma bem clara, são itens importantíssimos a serem observados.

Se você optar por uma criação em nível industrial, divulgue através de um canal de televisão, preferencialmente uma emissora local, que atinge público próximo, de forma a possibilitar suas vendas com custo reduzido de transporte; contrate divulgação em horário em que comprovadamente as donas de casa sejam telespectadoras, pois são elas que decidem e/ou influenciam nas compras de alimentos.

As divulgações em revistas especializadas em produtos alimentícios e outras de circulação ampla, também constituem veículos bastante valiosos para você garantir um fluxo constante e volumoso de vendas.

Os jornais são instrumentos de Marketing muito importantes, além de serem veículos de circulação bastante grande, atingindo diversas camadas sociais, com custos relativamente baixos.

Todas as mensagens de divulgação precisam ser claras, com palavras e tons que atraiam os consumidores.

Você precisará estar definindo "o que" deve constar de suas mensagens, oferecendo, por exemplo, comidas prontas em determinados segmentos e produto "in- natura" para outro público que você vislumbre possa industrializar ou revender.

Veja que os produtos vendáveis do escargot são bastante variáveis e você estará definindo segundo sua percepção dos consumidores em potencial; você pode comercializar, dentre outros:

— animais vivos para indústria de conservas;
— carne congelada;
— carne temperada;
— porções prontas para "tira-gosto";
— pratos preparados congelados;
— isca para pesq-pag;
— conchas trituradas para uso como alimento calcário animal;
— conchas inteiras para industrialização ornamental (chaveiros, brincos, pulseiras, etc.);
— diversos outros souvenirs com estampas do escargot: camisetas, bonés, tênis, cintos de pano e couro, bolsas, carteiras, etc.);
— escargoteiras (pratos especiais para servir-se o escargot, principalmente a Bourguignonne);
— pinças especiais para acompanhar as escargoteiras;

A "Indústria de Conservas Milleniun-Finest Food" (endereço no capítulo 35) compra escargots vivos e os comercializa em conserva, com autorização do ministério da Agricultura, com SIF nº 4.225.

Outras indústrias também já operam no abate e comercialização, nos estados de São Paulo e Paraná.

"Promoções" com ampla divulgação também constituem instrumentos de venda bastante válidos, por exemplo:

– "Ganhe 1 escargoteira na aquisição de 2 pratos prontos e quentes de escargot, a carne da longevidade"; outro: "Vitalidade é o que interessa: compre 1 quilo de carne de escargot e ganhe um chaveiro do molusco".

Como isca para pesq-pag, o escargot é vendido em saquinhos plásticos com aproximadamente 15 animais cada, – 100 grs, a um dólar e embalados em saco plástico maior, com 50 saquinhos.

Efetuamos testes em nosso heliário para definição da melhor forma de apresentação e conservação do produto nos saquinhos, cujo quadro apresentamos:

Resultados alcançados						
Mistura efetuada	**Aparência**	**Consist.**	**Cheiro**	**Volume**	**Viscosid.**	**Liga**
com farinho de trigo	ruim	ruim	médio	normal	ruim	ruim
com farinha de mandioca	ótima	boa	bom	normal	boa	boa
com fubá	ótima	ótima	bom	normal	boa	boa
com açúcar	ruim	ruim	médio	aumenta	ruim	ruim
com sal	ruim	ruim	bom	aumenta	ruim	ruim
com café	média	boa	bom	normal	boa	boa
com polvilho	ruim	ruim	médio	normal	ruim	ruim
com maizena	média	boa	médio	normal	ruim	ruim
ao natural	boa	boa	bom	normal	média	média

Sua criatividade fará com que seja ampliada a cada dia a variedade de produtos e subprodutos do escargot, bem como comercialização de criações paralelas (cintos, camisetas, etc.).

Vá em frente.

CAPÍTULO 28

EMBALAGENS

Este livro tem como objetivo lhe fornecer informações completas sobre o escargot, até a entrega do produto final.

Estaremos, nos três capítulos seguintes, tratando de um assunto que por vezes poderá ficar esquecido no planejamento geral da sua produção, quais sejam: este próprio capítulo que diz sobre os diversos tipos de embalagens que podem ser usadas pela produção do escargot; e, nos capítulos seguintes, estaremos falando sobre armazenamento da produção e sobre os meios de transporte até o consumidor final. Tratemos então do item embalagens.

Quadro Sinóptico
– Como embalar a ração:
– Se para consumo:
 – produtos básicos;
 – ração pronta;
– Se para venda.

Como embalar animais vivos:
– Para abate;
– Transporte de matrizes;
– Embalagem de carne resfriada ou congelada;
– Embalagens especiais – exportação;
– Estampa da embalagem;
– Latarias;

Como embalar a ração:
– Se para consumo:

A embalagem a ser utilizada para a ração destinada ao próprio consumo do heliário tem suas características definidas no capítulo seguinte, que é sobre armazenamento da produção, quando ali estaremos deixando claro que precisa ser em embalagens bem fechadas, tanto de lata quanto de plástico.

– Se para venda:
Se o heliário estiver produzindo ração inclusive para venda a terceiros, deverá ter o cuidado de estar embalando preferencialmente em sacos plásticos de 5, 10 ou 25 Kg; lacração desses sacos plásticos deverá ser feita por aparelho bem simples que se chama lacrador de sacos plásticos. Deverá constar a estampa com dados sobre o produto.

Como embalar animais vivos:
– Para abate:

Os animais para abate tem que ser embalados dentro das carrocerias dos veículos transportadores, de forma que a integridade física dos mesmos seja mantida até o destino final. Acondicione da seguinte maneira: Coloque até 500 animais vivos (idade de abate) por metro quadrado em todo o chão da carroceria, da camionete ou do caminhão. Você colocará vigas de madeira com 06 cm de altura de forma longitudinal nessa carroceria e, na forma transversal sobre essas vigas, tábuas de 1 cm de espessura, de forma que cubra toda a superfície dessa carroceria. Em seguida você coloca novamente o mesmo número de animais que foi definido anteriormente, colocando novamente essas vigas de madeira – com encaixe, de 06 cm de altura no sentido longitudinal dessa carroceria, de forma que nova camada de madeira de tábuas de 1 cm de espessura venha na forma transversal e assim por diante. Obviamente você terá as extremidades também fechadas com tábuas de 30 cm de largura por 1 cm de espessura. Isso aí faz com que você consiga acondicionar 220 mil animais para o transporte em caminhão comum entre o seu heliário até o local de abate ou de industrialização. Uma observação, aí já praticamente fazendo parte do item transporte, é que esse veículo deverá estar sempre com um encerado disponível porque, se houver excesso de vento ou excesso de chuva (umidade), que seja coberto sem no entanto vedar totalmente a ventilação que é necessária para os animais; nessas condições, julgadas as melhores possíveis para o transporte dos animais vivos, os mesmos suportam relativamente bem até a 8 horas de transporte.

Acondicionamento de matrizes:

Para o transporte de matrizes o ideal é que você tenha caixas de papelão endurecido no tamanho 50 por 40 por 12 cm de altura e que essa caixa tenha pequenos orifícios para possibilitar a ventilação mínima necessária para a sobrevivência dos animais.

Em uma embalagem desse tamanho você pode acondicionar aproximadamente 50 matrizes que farão a viagem que convém, seja entre 6 a 8 horas no máximo, possivelmente muitas vezes até por via aérea, de forma que os animais cheguem em perfeitas condições aos seus destinos.

Embalagem de carne congelada ou resfriada:

A carne resfriada ou a carne congelada poderá ser acondicionada em embalagens tipo pequenas bandejas de isopor, onde se coloca aproximadamente 500 grs até 1 Kg, sendo que essas bandejas são cobertas com plástico especial usado na cozinha; você coloca o plástico de forma lisa em cima e de forma corrugada no fundo da embalagem. Uma outra forma de embalagem é em sacos plásticos especiais para congelamento, que você encontra em supermercados ou em casas especializadas para produtos congelados. Convém também que essas embalagens tenham entre meio quilo e um quilo.

Embalagens especiais:

Existe a necessidade de embalagens especiais, principalmente quando destinada à exportação, quando diversas características têm que ser atendidas de acordo com as exigências do importador. Muitas das vezes essas embalagens têm que ser fechadas a vácuo. No item anterior, quando falamos do embalamento de carne resfriada ou congelada para o consumo interno ao Brasil, também convém que se extraia o ar através dessas bombinhas manuais.

Estampa da embalagem:

Nas embalagens, principalmente nos sacos plásticos, têm que constar além do tipo do produto, o peso líquido, a data do abate, o vencimento para o consumo, o endereço completo do produtor, além do logotipo ou desenho característico do produtor.

Quando as embalagens forem do tipo bandejas de isopor, ou mesmo em sacos plásticos, isso tudo pode ser feito com etiquetas colantes preparadas especialmente para esse fim. Vamos lembrar que a apresentação do produto é de máxima importância para uma boa comercialização e para a perenização do seu cliente.

Latarias:

Normalmente para exportação a embalagem utilizada é a lata, quando então a própria indústria para onde estiver repassando o seu produto "in natura" estará providenciando a estamparia das latas que normalmente são de 0,125 a 2 Kg de produto. A área de marketing dessas indústrias prepara convenientemente essas latarias para serem muito bem vistas pelos importadores e pelos consumidores finais dos outros países.

CAPÍTULO 29

ARMAZENAMENTO DA PRODUÇÃO

Quadro Sinóptico
– Como armazenar os produtos básicos da ração;
– Como armazenar a ração já preparada;
– O armazenamento das caixas e utensílios;
– "Armazenamento" dos animais vivos;
– Armazenamento da carne:
– resfriada,
– congelada.

Para que se obtenha um produto final de excelente qualidade, também no armazenamento precisamos tomar as precauções necessárias.

Como já vimos, a embalagem deve ser de boa qualidade e de acordo com as necessidades dos clientes. Vamos ver também, logo em seguida, sobre as maneiras corretas de se fazer o transporte do produto e neste capítulo estamos cuidando do assunto de como armazenar a sua produção.

Como armazenar os produtos básicos da ração?

Os produtos que vão compor a ração para a criação dos animais, além de terem boa qualidade e boa procedência, têm que ser acondicionados de forma correta para que se preservem as suas qualidades originais.

Os componentes da ração, que você esteja fazendo a mistura aí no seu próprio heliário, quais sejam: o fubá, o farelo de trigo, o farelo de soja, eventuais rações de engorda ou de postura de frango, pó de ostra e outros componentes pelos quais você tenha optado, têm que ficar devidamente acondicionados em latões ou em galões plásticos com tampa que vedem convenientemente os produtos que venham a conter.

Esses vasilhames precisam ficar localizados num lugar seco; você estará rotulando esses recipientes de forma que não haja problema de identificação na hora de proceder à mistura.

Como armazenar a ração já preparada:

A exemplo dos produtos básicos, a ração já preparada deverá estar em vasilhames devidamente identificados para que se tenha absoluta certeza do conteúdo desses recipientes, para que, por exemplo, não se forneça ração de engorda (ou crescimento) para as matrizes ou ração de postura para os filhotes.

Também deverão estar em local fresco e seco e localizados bem próximos das caixas ou dos parques para consumo dos escargots.

Tanto no armazenamento dos produtos básicos da ração como da ração já preparada, convém que se mantenha nesses latões ou recipientes plásticos uma pequena caneca (de plástico) para o fácil manuseio desses produtos, não havendo, conseqüentemente, perda de tempo por parte de seus funcionários.

O armazenamento das caixas e utensílios

Observar que o armazenamento dos objetos utilizados na produção dos escargots tem que obedecer a uma ordem lógica: estarem bem guardados segundo as recomendações para que estejam desinfetados e prontos para utilização no momento em que se fizerem necessários. Diversos utensílios são utilizados para a perfeita administração do seu heliário. Por certo você terá caixas reservadas; terá aspersores, colheres, bebedouros, recipientes para ração, remédios (por exemplo o permanganato de potássio), enxadas, rastelos, pás, bacias plásticas. Todos estes utensílios têm que estar desinfetados com a observação de que não podem ser usados produtos químicos para sua higiene, água com um pouquinho de cal hidratada para que se proceda à limpeza. Eles deverão estar sempre armazenados também nos locais onde são utilizados, por exemplo: deixar os bebedouros e os recipientes para ração (que constituem reserva do heliário) numa prateleira bem próxima das caixas ou dos parques onde são utilizados.

Verificar, no caso dos utensílios, se o ambiente não está sendo freqüentado por ratos, baratas e outros insetos que venham a prejudicar a integridade material desses utensílios e eventualmente contaminá-los, o que fatalmente trará prejuízos para a criação dos escargots.

"Armazenamento" dos animais vivos

Estamos citando como "armazenamento" dos animais vivos, pois na prática é uma das possibilidades que vivenciamos nos heliários: dependendo do contrato de venda que fez e do prazo de entrega que combinou, você poderá ter escargots em idade de abate, e precisar manter esses animais por mais alguns dias até que se efetive o abate. Como fazer então para armazenar animais vivos? Obviamente você estará, nesse caso, partindo para uma economia drástica, tanto na mão-de-obra de seus empregados quanto no fornecimento da ração; exemplo: se os animais já estão em idade própria para abate e você tiver que mantê-los no heliário por mais 8 ou 10 dias, estará transferindo esses animais para um parque ou para caixas específicas e, sem descuidar em momento algum da higiene, manter esses escargots em compasso de espera nesses ambientes, porém com uma densidade populacional maior que o normal, o que diminuirá mão-de-obra necessária e também a ração; estará subtraindo da mesma os elementos da engorda ou os elementos de crescimento, partindo mais para o oferecimento de farelo de trigo ou fubá. Registramos que nesse compasso de espera, nesse armazenamento do animal vivo, deve ser fornecida quantidade de ração 20% a 30% menor do que da fase intensiva quando se estava desejando que o animal crescesse ou engordasse rapidamente para chegar à idade de abate. Na prática, nós percebemos que isso pode ocorrer por motivos alheios à vontade do produtor do escargot, pois os clientes compradores ou a pessoa à qual você estiver fazendo a entrega do produto poderá atrasar a vir buscá-los.

Armazenamento da carne:
– resfriada
– congelada

Provavelmente, dependendo do volume da sua produção, você terá que manter um esquema alternativo de armazenamento da carne, quando precisará dimensionar a necessidade de forma que os freezers ou a câmara de resfriamento sejam do tamanho adequado. Se a sua produção for caseira e esse armazenamento da carne se referir a poucos quilos, você estará se utilizando do freezer da sua residência ou da geladeira de uso comum da família, porém vejamos:
– Armazenamento da carne resfriada: a carne resfriada, estará sendo guardada no refrigerador ou câmara de resfria-

mento já embalada da forma em que o seu cliente consumidor tiver exigido. Cuidar para que as embalagens fiquem bem identificadas quanto ao seu conteúdo, peso, etc., para que não haja problemas na classificação das mesmas quando da efetivação da entrega; prazo ideal para carne resfriada = 15 dias.

– Armazenamento da carne congelada: no caso do armazenamento de forma congelada, os pacotes deverão estar identificados com seu peso, características do conteúdo, verificando se a embalagem é própria para esse fim, pois caso contrário uma embalagem poderá estar aderindo (grudando) uma à outra, prejudicando a qualidade e apresentação de seu produto. Prazo de permanência em congeladores até 1 ano.

Observemos que é um item bastante importante, porque, se numa das etapas estivermos falhando, poderemos estar perdendo muito em qualidade. Lembramos que a excelência do armazenamento da água no heliário é essencial; verificar se a caixa d'água está permanentemente limpa e livre de animais que poderão infectá-la. A água deverá ser mantida sem cloro ou pouco cloro, exigindo que esse armazenamento seja trocado constantemente, porque sem produtos químicos poderá se deteriorar mais rapidamente.

CAPÍTULO 30

MEIOS DE TRANSPORTE

Para se conseguir uma boa comercialização do escargot, uma série de fatores precisa ser levada em consideração.

O comércio é muito exigente; não somente o comércio exterior (exportação) como também o comércio interno determinam uma série de providências que têm de ser tomadas para que o produto seja bem aceito e alcance um preço comercial condizente com o desejo do produtor.

Tudo tem que ser providenciado de forma bem rigorosa, desde a seleção dos animais, pelo seu tamanho como pelo seu peso uniforme, pela sua cor.

Também, sobre as informações sobre a idoneidade do produtor, a sua forma de trabalhar com asseio e higiene.

Também é considerado o tipo de ração usada na produção de escargot e o "acondicionamento" do produto durante várias fases de preparo.

Obviamente a embalagem também é um fator importante, como já vimos em capítulo anterior, e tão importante que agora estamos analisando: se não for feita de forma adequada, o produto ou o animal perecerão ou serão danificados, não chegando ao consumidor da forma desejada.

Existem diversas modalidades de transporte desde o heliário até o consumidor final.

A sua produção terá o transporte necessário, dadas as circunstâncias da comercialização, distância do seu comprador, modo como ele quer receber a mercadoria; enfim, existem providências a serem tomadas, para que o transporte seja feito de maneira adequada e desejável.

Transporte Aéreo

O transporte aéreo é utilizado quando a mercadoria não é muito volumosa ou quando os produtos são passíveis de perecer.

Dependendo da negociação que você fez para a colocação do seu produto no mercado, poderá se utilizar do transporte aéreo, quando já deverá estar embutindo no custo o valor despendido com esse transporte.

A grande vantagem desse meio de transporte é a rapidez e a desvantagem o custo mais elevado em relação aos demais meios de transporte.

Transporte Marítimo

O transporte marítimo é utilizado quando o volume da mercadoria a ser transportada é bastante grande. Traz consigo a vantagem do baixo custo e apresenta a desvantagem de possível prazo de entrega mais longo.

Transporte Terrestre

Possivelmente você estará se utilizando mais freqüentemente do transporte terrestre para o seu produto, o escargot. Tanto para colocação no mercado local, sua própria cidade, para cidades próximas, para a capital do seu Estado e para a distribuição aos grandes restaurantes, como para as demais localidades do país e até para os países vizinhos, especialmente para os países do Mercosul, onde as facilidades desse meio de transporte estão cada vez mais visíveis. Você deverá observar nesse caso, isto é, transporte terrestre para países vizinhos, que deverá ter uma licença especial para operar entre as fronteiras.

Especialmente quanto a esse meio de transporte, o terrestre, estaremos comentando logo a seguir sobre as melhores maneiras de utilizá-lo.

Transporte pelos correios

Você poderá se utilizar dos serviços de correio para a remessa de pequenas encomendas destinadas a qualquer parte do Brasil; dada a necessidade de rápido transporte de pequenas quantidades, estará se utilizando do SEDEX e também pode se utilizar dos correios para remessa de pequenas encomendas para países que mantêm convênio com o Brasil.

Tanto para o transporte efetuado da sua mercadoria pelo correio como em via terrestre, marítima ou aérea, você tem de tomar alguns cuidados bastante básicos, quais sejam: não se utilizar de embalagens de vidro, não se utilizar de embalagens que sejam perecíveis e facilmente danificáveis.

Além das possíveis licenças que você precisará tirar para o transporte do Brasil para os países vizinhos, deverá estar providenciando a documentação necessária para o transporte mesmo dentro do município ou para municípios vizinhos. Cada região poderá ter um legislação diferente. No início das suas operações do transporte do produto, procure um despachante idôneo de sua localidade que lhe dará as informações referentes aos impostos, taxas e demais papéis relativos ao Ministério da Agricultura, Ministério dos Transportes, Ministério da Saúde, se for o caso.

O item transporte no que se refere à sua produção é bastante abrangente, pois você precisa estar tomando providências para que seu produto resulte finalmente em excelência de produtividade e em excelência quantitativa.

Os cuidados se iniciam desde o transporte da ração do seu fornecedor até você. Se a sua ração estiver sendo adquirida já preparada por seu fornecedor, você estará se utilizando de transportes para que o produto não pereça no trajeto, verificando se o mesmo está sendo transportado em sacos plásticos ou em galões plásticos, de forma que cheguem em perfeitas condições em sua propriedade, ao seu heliário.

Idêntico procedimento deverá ser adotado no caso de você estar recebendo diversos componentes, de diversos fornecedores, para que a ração seja misturada nas dependências do seu heliário.

Quanto ao transporte de eventuais animais, por exemplo, matrizes reprodutoras que você esteja adquirindo de alguns fornecedores, estes devem ter o cuidado de uma forma de transporte rápido e seguro, chegando em suas mãos em perfeitas condições de saúde e não stressadas.

Um outro tipo de transporte com que você deverá estar se preocupando é o transporte de seus animais de um recinto para outro do heliário.

Verifique se nos momentos de necessidade seus funcionários estão dando a devida importância ao item transporte, pois a preocupação não deverá estar centrada somente para os transportes de longas distâncias.

Muitas vezes, durante o manuseio, quando se faz necessário o transporte dos animais nas suas diversas idades entre alguns cômodos ou acomodações espalhadas por sua propriedade, esse transporte deve ser checado para que o animal não fique parado dentro de baldes, dentro de travessas, dentro de latas, dentro de caixas; se ficarem parados em locais intermediários em condições não ideais, por exemplo, sob o sol intenso ou sob ventanias, poderão perecer. Por isso, o transporte dentro de seu próprio heliário deve ser feito de forma adequada, inclusive quanto à rapidez e à forma de acondicionamento provisório dos escargots durante esse trânsito.

Quanto ao transporte de sua produção já pronta de seu heliário para o consumidor, temos a observar que a modalidade do produto será normalmente dentro de três opções; quais sejam:

1 – animais vivos;
2 – carne resfriada;
3 – carne congelada;

Esse transporte, como já vimos, pode ser feito, via aérea, terrestre ou marítima, dependendo da negociação que você fez com o seu comprador, levando em consideração a questão de custos e a necessidade de rápida entrega. Tanto por exigência do seu comprador como também pela premência de tempo para colocação do produto sem perecer.

CAPÍTULO 31

CULINÁRIA

A carne de escargot, consistente e muito saborosa, necessita de um cozimento de aproximadamente 45 min. em panela de pressão. Observar que tempo superior a esse poderá "desfazer" a carne e um tempo inferior poderá deixá-la excessivamente consistente, conforme a sua característica original. Lembramos que esse cozimento, ou pré-cozimento, da carne de escargot, já que o preparo do prato propriamente virá *a posteriori*, deverá ser feito em fogo baixo, em cozimento lento.

Precisamos estar cientes de que comer escargot é um costume fino, é uma iguaria fina. O seu modo de preparo é bastante sofisticado, envolvendo um acréscimo de temperos culinários, vinhos ou conhaque, condimentos diversos e ervas; as formas de sua melhor apresentação, isto é, os melhores pratos são bourguignonne à provençal e outros a seu gosto.

A carne do escargot é tremendamente saudável, bastante mole após cozimento, pobre em lipídios, favorece o combate à arteriosclerose, pois diminui em muito o nível de colesterol. Também é indicada para o combate (tratamento) de asma e coqueluche e fortalece o sistema imunológico e a estrutura óssea, por ser rica em zinco, cálcio e fósforo respectivamente.

Veremos a seguir, neste capítulo, que existem diversas maneiras de se preparar essa excelente carne, apresentando ótimos pratos com base em culinárias de diversos países. Citamos algumas plantas que enriquecem a formação desses pratos, como: o louro, o cominho, estragão, gengibre, coentro, a hortelã, o assafrão, cebolinha e até o alecrim.

A montagem de pratos de escargot, na realidade, demanda algum trabalho, mas traz, conforme tivemos oportunidade de vivenciar, uma grande satisfação ao cozinheiro e demais pessoas que farão o preparo. Os pratos a seguir descritos são de nossa criação, já por nós experimentados, e de diversos autores que tiveram a oportunidade de experimentar e apresentar essas receitas tão deliciosas.

Vamos ao primeiro prato:

Escargot à Italiana

Ingredientes:
escargot: duas dúzias (sem as conchas)
alho: 1 ou 2 dentes
tomates: 2
massa de tomate: 1 lata
cebola: 1 média
óleo de oliva: uma colher-de-sopa
folha de louro: 1 folha
farinha de trigo ou maisena: uma colher-de-sopa
sal a gosto

PREPARO: deixar os escargots cozinhando por 30 minutos. Amasse a cebola e o alho e, com uma colher de pau, misture-se ao óleo, juntamente aos escargots. Deixe em descanso por uns 12 ou 15 min., para incorporar melhor o tempero. Leve ao fogo para cozinhar juntamente com os demais temperos, cortando os tomates em rodelas finas, durante 20 min. Adicione a farinha ou maisena, dissolvida em água fria, para engrossar o molho. Após engrossado o molho, o prato está pronto!

Escargot no Espeto (espetinhos)

Ingredientes:
vinho branco
cebola
sal
azeite
pimenta-do-reino
ovos
alho
farinha de trigo
manteiga
bacon e cogumelos.

PREPARO: Ferva os escargots em água acrescida de vinho branco, sal e cebola por cerca de uma hora.

Coloque-os nos espetinhos intercalando-os com fatias de bacon e cogumelos.

Bata os ovos com azeite, sal, alho e pimenta. Passe os espetinhos nessa mistura e depois na farinha de trigo. Doure-os em uma frigideira com manteiga, procurando fritá-los por todos os lados.

"Light": Escargot ao vinho e estragão

Ingredientes: (4 porções)
2 colheres-de-sopa de cebola ralada
½ xícara de vinho tinto seco
2 colheres (chá) de estragão seco
1 colher de azeite
1 colher-de-chá de sal
24 escargots

PREPARO: Refogue a cebola no azeite em fogo baixo até dourar. Introduza o vinho e o sal e tampe a panela. Em fogo baixo, deixe ferver até que o líquido fique pela metade da panela. Coloque os escargots dentro das conchas polvilhando-os com estragão seco. Leve ao forno por 10 min.

Strogonof de escargot

Ingredientes:
250 grs de pimentão amarelo
100 grs de queijo ralado
½ copo de vinho branco seco
½ k de champignons
2 latas de creme de leite (500 gr)
4 dentes de alho picado
½ cebola picada
½ litro de leite
3 colheres-de-sopa de farinha de trigo
1 ½ xícara de salsa picada ou coentro
100 gr de manteiga
sal e pimenta do reino a gosto
2 colheres de suco de limão
1 ½ Kg de escargot cozido

PREPARO: Tempere a carne com sal e pimenta. Acrescente o pimentão, o alho e a cebola previamente fritos. Leve ao fogo para refogar, acrescentando o vinho. Misture a farinha com o leite e coloque essa mistura no refogado. Mexa sem parar e adicione os outros ingredientes.

Fetuccini ao molho de escargot

Ingredientes:
2 ½ l de água
4 colheres-de-chá de sal
1 pacote de açafrão em pó
500 gr de fetuccini
2 dentes de alho amassados
100 gr de manteiga sem sal
32 escargots africanos descongelados
4 colheres-de-sopa de creme de leite fresco

Iguarias de escargot

PREPARO: Ferva com água com 3 colheres-de-chá de sal, o açafrão e o fetuccini numa panela grande, por 10 min. até que fiquem *al dente*.

Deixe a massa cozinhando e, enquanto isso, doure o alho na manteiga em fogo médio. Junte o restante dos escargots e o sal. Tampe e refogue por 3 min. Coloque o creme de leite e deixe no fogo por 1 min (sem ferver). Escorra a massa e coloque o molho de escargots. Está pronto para servir.

Omelete de escargots

Misture sal, pimenta e farinha.
Passe os escargots (um a um) nessa farinha "temperada".
Frite-os na manteiga, dourando-os. Coloque os ovos mexidos sobre os escargots, como uma omelete comum. Espere que a omelete adquira consistência e está pronto.

Escargots na aguardente

Ingredientes:
25 escargots cozidos
1 copo de aguardente
20 gr de champignons
100 gr de suco de tomates
2 colheres de manteiga
1 colher de óleo
sal, salsinha ou coentro e pimenta a gosto
1 colher de cebola picada
2 dentes de alho
sálvia, rosmarinho e orégano

PREPARO: Em água fervendo, amoleça os champignons. Em seguida corte-os em pedaços. Frite a cebola e o alho no óleo, juntamente com a manteiga e coloque os escargots, os champignons, temperos, o suco de tomate e a aguardente. Deixe cozinhando um pouco. Por último, com o fogo desligado, coloque a salsinha picada.

Escargots gratinados à Bourguignonne

Ingredientes:
32 escargots
3 colheres-de-sopa de manteiga sem sal
2 dentes de alho amassados
3 colheres-de-sopa de cebola picada bem fina
2 colheres-de-café de sal
1 pitada de pimenta-do-reino
1 pitada de noz moscada
3 colheres-de-chá de salsa picada

Escargot à Bourguignonne

PREPARO: Junte à manteiga, amassado com um garfo, o alho, a cebola, o sal, a pimenta e a noz moscada. Coloque a mistura em vasilha pequena e deixe na geladeira, tampada com filme plástico. Enquanto isso, escorra os escargots e ponha-os nas conchas. Depois que a manteiga endurecer, corte-as em 32 partes iguais e coloque sobre os escargots dentro das conchas. Leve para gratinar no forno quente, por oito minutos. Decore com salsa picada.

Risoto de escargot

Misturar 1 xícara de molho à bourguignonne, com 8 xícaras de arroz recém-cozido. Acrescente 2 dúzias de escargot. Polvilhe com queijo ralado. Leve ao fogo para gratinar.

* Esta receita é para quatro pessoas.

Fricassê com champignons

Ingredientes:
50 gr de manteiga sem sal
24 escargots
2 ou 3 dentes de alho
2 colheres-de-sopa de cebola ralada
1 colher-de-chá de extrato de tomate
½ xícara de vinho branco seco
1 colher-de-chá de sal
20 champignons frescos

PREPARO: Em uma frigideira, aqueça metade da manteiga e junte os escargots. Reserve. Em uma panelinha, coloque o restante da manteiga e doure nela o alho e a cebola. Junte o extrato de tomate e ferva por 2 min. Adicione o vinho. Quando ferver, ponha dentro os escargots reservados, sal e os champignons fatiados. Deixe ferver por 3min., não mais, pois daria consistência de borracha aos escargots. Decore com tomilho. Sirva de entrada.

Delicioso prato com escargot

Escargot à francesa

Ingredientes:
400 gr de manteiga
1 colher-de-café de açúcar
sal e pimenta a gosto

PREPARO: Derreta a manteiga e acrescente os demais ingredientes, formando uma pasta. Introduza uma pequena quantidade dessa pasta nas conchas vazias dos escargots. Feito isso, introduza os escargots, já cozidos, e preencha o restante da concha com a pasta. Leve ao forno pré-aquecido por 10 min.

Escargots fritos na manteiga

Ingredientes:
50 gr de manteiga (sem sal)
farinha de trigo
farinha de rosca
sal e cebolinha a gosto
1 ovo
1 colher-de-sopa de azeite
1 limão
25 escargots cozidos

PREPARO: Após o cozimento dos escargots, deixe-os esfriar e passe-os na farinha de trigo. Em seguida, passe-os no ovo batido com sal e na farinha de rosca. Pegue uma panela, coloque o azeite, a manteiga e a cebolinha, retire-os da panela. Coloque os escargots nessa manteiga e deixe-os até dourar. Depois de fritos, pingue algumas gotas de limão.

Escargot ao suco de limão

Ingredientes:
suco de limão
½ colher de casca ralada
1 colher de creme de leite
25 escargots cozidos
2 colheres-de-sopa de manteiga
2 colheres de farinha de trigo
1 ½ cálice de vinho branco seco
2 colheres de azeite de oliva
1 pitada de noz moscada
2 dentes de alho
½ cebola média picada
sal, pimenta e óleo

PREPARO: Coloque o azeite e a manteiga em uma panela para fritar a cebola e o alho. Em seguida acrescente os escargots, vinho, pimenta e sal. Espere o vinho evaporar e acrescente o creme de leite e a farinha. Mexa até formar uma massa consistente. Frite essa massa em óleo quente. Após retirá-la do óleo, coloque em um prato e acrescente salsinha picada, suco de limão e as raspas da casca.

Escargot com creme de leite

Ingredientes:
½ noz moscada ralada
1 colher-de-sopa de cebolinha picada ou coentro
1 pitada de sal
½ lata de creme de leite

PREPARO: Pegar um recipiente qualquer e despejar o creme de leite e os demais condimentos, misturando-os bem. Depois cobrir os escargots e levá-los ao forno por 10 minutos.

Patê de escargot

Ingredientes:
100 gr de pimentão verde
25 gr de alho
150 gr de cebolinha
sal, pimenta do reino a gosto
½ cálice de conhaque
1 ½ copo de salsa picada
250 gr de escargot
1 ½ colher-de-sopa de suco de limão
500 gr de manteiga

PREPARO: Pegue uma panela e coloque os escargots, o alho, o pimentão e a cebolinha juntamente com um pouco (250gr) de manteiga e deixe dourar. Coloque o restante da manteiga e os demais condimentos. Após esfriar, bata no liqüidificador. Coloque o patê em frascos de vidro e sirva com pão de forma ou torradas. O restante pode ser congelado.

Escargot ao bacon

Ingredientes:
bacon
sal, pimenta e alho a gosto
azeite de oliva
farinha de trigo
nozes
25 escargots cozidos

PREPARO: Amasse o alho e coloque-o em uma frigideira juntamente com as nozes picadas, acrescente o azeite de oliva e o bacon cortado em fatias. Coloque os escargots, a pimenta e o sal engrossando com a farinha de trigo.

CAPÍTULO 32

QUALIDADE TOTAL NA CRIAÇÃO DO ESCARGOT

O mundo todo está preocupado com a "qualidade" dos seus produtos. Em todo o mundo existe a preocupação de se aplicar Programa de Qualidade Total.

Qualidade Total é a preocupação em desenvolver ações que tenham como objetivo a satisfação plena das expectativas dos clientes.

Daí a importância da criação de escargot ser feita dentro de Padrões Internacionais de Qualidade.

A competitividade entre as empresas é bastante salutar e aquelas que estão adotando programas de melhorias com base na Qualidade Total, são aquelas que têm maiores possibilidade de sobreviver empresarialmente.

Nosso produto final, o escargot, também tem de ter alta Qualidade, de acordo com as exigências do cliente consumidor. Vamos lembrar que uma das bases da Qualidade Total é a lembrança de que "o cliente é que é o rei", isto é, o cliente é quem faz exigências e você, produtor, tem que se preocupar com a apresentação de Qualidade Total de seus produtos.

Também faz parte de um Programa de Qualidade a excelência dos produtos oferecidos pelos fornecedores, isto é, as pessoas que lhes fornecem as matrizes de escargot, pessoas que orientam sobre a formação do heliário, que lhe vendem rações e demais utensílios. Esses "forne-cedores" também têm de estar preocupados com a Qualidade Total desses produtos fornecidos para o criador do escargot.

Uma excelente maneira de você iniciar a aplicação do programa de Qualidade Total no seu heliário, por menor que seja o seu empreendimento, é oferecer conhecimentos básicos do PQT a seus funcionários, para que passem a ter a preocupação de gerar excelentes produtos finais. Inicie com a introdução do programa "5S", que se refere às 5 preocupações básicas no preparo da introdução da Qualidade Total na sua empresa. Esse programa básico foi desenvolvido inicialmente no Japão.

E seus 5 itens são os seguintes:
1 SEIRI – senso de utilização (descarte)
2 SEITON – senso de arrumação
3 SEISOU – senso de limpeza (higiene)
4 SEIKETSO – senso de saúde
5 SHITSUKE – senso de autodisciplina

Explicando: O senso de utilização (SEIRI) é o primeiro passo para você ter Qualidade; você tem que tirar de circulação, tirar do alcance das mãos, todos os objetos de que não necessita. Descarte tudo que não for utilizado na sua criação. Quanto ao senso de arrumação (SEITON), diz quanto às necessidades de os objetos e utensílios que você utiliza na sua criação estarem "arrumados" de maneira adequada para que você possa utilizá-los com facilidade quando necessário. Senso de limpeza (SEISOU) é a recomendação para que o seu heliário esteja em perfeito estado de higiene, tanto para que as pessoas que ali trabalham se sintam bem como também os escargots encontrem plenas condições de desenvolver-se dentro de higiene e limpeza necessárias e perfeitas. Outro item é o senso de saúde (SEIKETSO); este item recomenda que as condições ambientais sejam as melhores para as perfeitas adaptações das pessoas e dos escargots em criação, evitando-se inclusive acidentes com objetos. O item SEIKETSO recomenda que você observe "todos" os itens relativos à "saúde" dentro do seu heliário.

Senso de Autodisciplina (SHITSUKE). O item do programa "5S" diz que as pessoas envolvidas com a atividade de produção dos escargots, tanto no nível da administração quanto no nível operacional (você e seus funcionários), se autodisciplinem colocando em prática o senso de utilização, o de arrumação, o de limpeza, o de saúde, isso constantemente; fazendo revisões periódicas quanto ao cumprimento desses itens não somente pelas outras pessoas, mas a começar por você.

Aplique o programa da Qualidade Total para atingir a excelência da sua produção.

Qualidade Total é uma questão de mudança de mentalidade, é mudança provável de diversos pontos de vista, sendo um redirecionamento de rumos; é uma alteração, é uma modificação de cultura. O produto final e o atendimento dos clientes são muito importantes; o relacionamento com os clientes do heliário passa a ser de alto padrão, mantendo esses clientes como "clientes permanentes", fazendo com que o produtor do escargot possa estar fazendo o seu planejamento de médio e longo prazos; com a manutenção dos clientes, ele sabe que terá cada vez maiores lucros, pois esses clientes bem atendidos estarão indicando outros clientes para a empresa e nela permanecerão.

Finalizando o assunto Qualidade Total por ora, lembramos que os diversos trabalhos que são executados no seu heliário devem estar sendo analisados permanentemente (Estudo e Aperfeiçoamento de Processos – EAP), com referência e análise de todos os microprocessos de sua empresa.

Idêntica preocupação deverá existir quanto aos trabalhos abrangentes existentes no heliário, desde o início até o final do mesmo (gerenciamento de macroprocessos – GMP) quando conseguiremos economia e melhoria de qualidade com análises permanentes. Enfatizemos que o treinamento dos empregados, deve acontecer, para que conjuntamente com a direção do heliário estejam trabalhando para seu desenvolvimento global, fazendo anotações, registrando ações a serem tomadas para a melhoria geral do heliário. Faça da seguinte forma: levante alguns itens e anote num papel sobre a situação atual do seu heliário, por exemplo, quanto a utilização, arrumação, higiene, o lucro que você está tendo, as fórmulas que você está usando e, à frente desses itens, veja "o que" e "quanto" você quer melhorar; com isso você estará montando um Modelo Referencial (MR) quando estarão sendo desenvolvidos diversos trabalhos pelas pessoas que participam da empresa, visando o atingimento daqueles objetivos propostos; fixe prazo de 6 meses para atingimento desses objetivos propostos; no final, fixe novamente objetivos mais ambiciosos para serem atingidos nos próximos 6 meses e assim sucessivamente. É a técnica da Qualidade Total para dizer "como está minha empresa hoje e como desejo que ela esteja daqui a 6 meses" (ou um ano).

O Heliário Escargot House tem treinamento na área de Qualidade Total para o seu heliário.

Heliário com Qualidade Total é heliário permanentemente no mercado, com maiores lucros e satisfação total.

CAPÍTULO 33

ONDE ADQUIRIR MATRIZES REPRODUTORAS:

Para a implantação de um heliário, é necessário que se adquira matrizes de boa qualidade. Vejamos o que são matrizes de escargot.

Como sabemos, o escargot é hermafrodita incompleto, isto é, possui tanto sexo masculino, como também o feminino no mesmo indivíduo. Somente um mesmo indivíduo não consegue a reprodução individual; existe a necessidade do acasalamento entre dois indivíduos.

Essas matrizes reprodutoras precisam ter passado por uma seleção rigorosa; necessitam ter sido oriundas de melhorias genéticas. Para isso, você precisa procurar um produtor de escargot idôneo, que "selecione" matrizes para a colocação junto a novos produtores (como é o seu caso).

Essas matrizes reprodutoras tanto do Achatina quanto do Gros Gris, quanto do Petit Gris, que são as três espécies mais adaptáveis para o Brasil (especialmente o Achatina), você encontra entre alguns produtores citados nesta obra, e também no Heliário Escargot House. Ali temos condições de fornecer matrizes de alta linhagem, tanto para o início de sua produção, ou para expansão do seu criatório e especialmente para a melhoria genética de seu plantel.

CAPÍTULO 34

LITERATURA – INDICAÇÃO

As referências bibliográficas que estaremos trazendo neste capítulo referem-se, muitas delas, ainda à bibliografia estrangeira, visto que, como já vimos, no Brasil a história do escargot é bem recente no que se refere à sua exploração comercial. Também a fase de pesquisa, em nível de laboratório, em nível de Universidades, vem ocorrendo em pequena intensidade, embora diversos cientistas estejam se dedicando a isso há alguns anos. Veremos que alguns livros da bibliografia nacional existem e temos certeza de que você, dentro de suas necessidades, ao pesquisar tanto a literatura nacional como estrangeira, atingirá seus objetivos como criador e como comercializador do escargot.

Vejamos:

* Boas livrarias lhe facilitarão a aquisição de exemplares dessa bibliografia, especialmente as informatizadas que aceitam pedidos.

Bibliotecas diversas dispõem de exemplares, especialmente as de algumas Universidades.

1 – Avagnina G., La Chiocciola – Principi di Elicicoltura, Edagricole, Bologna, 1990.

2 – Cadart J., "L'escargots", Paris, Lechevallier, 1960.

3 – Cobbinah J. R., Snail Farming in West África, A Pratical Guide, C.T.A.

4 – Devalle M. T., Criação e Comercialização do Caracol, Habitat 1991.

5 – Elicicoltura Oggi - Revista dell'A. N. E., Cherasco (Cn) ' nº 8/10/11.

6 – Gallo G., L'allevamento della Chiocciola, Guide Pratiche, Edagricole, Bologna, 1985.

7 – Gionarle di Elicicoltura, Cherasco (Cn) nº 1/3.

8 – La Cucine Italiana, Rivista, Milano, 1978.

9 – Mingioli E., L'industria delle Lumache, Casale, 1948.

10 – Papa G., – Galloni M., Caratteristiche morfologiche dell'epifragma invernale di Helix pomatia L.

11 – Quaderni di Elicicolture, Borgo S. Dalmazzo, 1977, nº 6.

12 – Baratou, Jacques. Les escargots, guide pratique de L'elever, L'amateur - Paris, Solar, 1981.

13 – Fazio, Fausta Mainardi. Cria rentable del caracol. Barcelona, De Vecchi, 1983.

14 – Gallo, Giuseppe. El caracol, cria y explotación. Madrid, Mundi-prensa, 1984.

15 – Garnier, Quentin. L'escargot et son élevage. Paris, Lechevalier, 1978.

16 – Pedrosa, Ignacio Viladevall. Barcelona, Aedos, 1983.

17 – Ribas, Jaceguay Feurschaette de Laurindo. Criação de caracóis, nova opção econômica brasileira. São Paulo, Nobel, 1984.

18 – Rousselet, Michel. Cría del Caracol, Madrid, Mundi-prensa, 1982.

19 – Storer, Tracy L. e Usinger, Robert L. Zoologia General. Barcelona, Omega, 1967.

20 – Cartilha do Agricultor, 5 vols., Secretaria da Agricultura do Estado do Rio Grande do Sul, 1982.

21 – Vieira, M.I. Escargots – Criação caseira e comercial.
22 – Snail Farmig. 1986 a 1995.
23 – Santos, B. Helicicultura – guia prático para criação e comercialização de escargot Gigante Achatina. 1985.
24 – Agrodata. Como criar escargot. Agrodata vídeo. Curitiba – PR.
25 – Banestado Reflorestadora S/A. Projeto de criação de escargot, Curitiba, 1981.
26 – Cadart, J. Les escargots. Paris, Hechevallier, 1981.
27 – Chevallier, H. Les escargots, un élevage d'avenir. 7º Edição Paris, Rustica, 1982.
28 – Cuellar, R.C. et al. Helicicultura – cria moderna de caracoles. Ed. Mundi-prensa, Madrid, 1986.
29 – Folha Rural – suplemento da Folha de Londrina. Londrina – PR. 8-9. 24/10/1990.
30 – Funcia, C.A.F. – Escargots: introdução à helicicultura. São Paulo, 1984.
31 – Globo Rural. Como Criar – Editora Globo. São Paulo – SP, Vol. único: 24-34.
32 – Guia Rural. Manual da criação, Editora Abril. São Paulo – SP, volume único: 89-91.
33 – Hanssen, J. E Criação Prática de Escargots. Editora Nobel, São Paulo, 1989.
34 – Hayashi, C. et al. Aspectos sobre reprodução do caracol Achatina Fulica, em condições de laboratório. Res. II Congresso Latino Americano de Malacologia. Porto Alegre-RS. Jul/1995.
35 – Jornal de Serviços da Cocamar – Publicação Quinzenal da Cooperativa de Cafeicultores e Agropecuaristas de Maringá. 14 nov. de 1990.
36 – Kosera, J.L et al. Helicicultura – criação de escargots. Curitiba, 1983.

37 – Baratou, J. Les escargots, 1981.

38 – Funcia, C.A Apontamentos de Trabalho nos Sistemas de caixas e parques criatórios – 1979 a 1992.

39 – Mioulaine, P. L'élevage des escargots – 1980.

40 – Murciano, C. Guide complet de l'élevage des escargots – 1982.

41 – Rousselet, M. L'élevage des escargots – 1979.

42 – Míriam Palazzo Rodrigues – Manual Prático para criação de caracóis (escargots).

43 – Flávia Armellini e Elias Santana – Prazer na mesa e lucro no bolso.

44 – Pedro Pacheco, Maria de Fátima Martins e Aleksandrs Spers – Fundamentos Para Criação do escargot gigante, Achatina Sp.

45 – Carmino Hayashi – Curso Básico de criação de escargots.

46 – Márcio Infante Vieira – Escargots: criação doméstica e comercial. Ed. Prata. Editora e distribuidora. Cx. Postal 51633, São Paulo.

CAPÍTULO 35

ENDEREÇOS ÚTEIS

Você, que está iniciando uma criação de escargots, na certa, necessita de alguns endereços úteis que estaremos lhe passando.

Tanto endereços onde você poderá colher mais informações a respeito de sua criação, como aquisições de utensílios, materiais diversos, matrizes, tudo para o bom desenvolvimento de sua criação e comercialização:

1º – Heliário Escargot House. Fone: (018) 221-5503.

2º – Secretaria da Agricultura, da Prefeitura do Município de Tarumã- SP, onde é desenvolvido um projeto social de criação de escargot. Fone: (018) 329-1014.

3º – Universidade de São Paulo, Câmpus de Pirassununga-SP. Professores doutores Pedro Pacheco e Maria de Fátima.

4º – Helicicultura Kapiatan. Município de Praia Grande-SP. Av. Senador Azevedo Jr. 262.

5º – Helipar Associação dos Helicicultores do Paraná – Rua Estefano Valesque, 415 – Curitiba-PR – CEP 82630-510 - Fone: (041) 256-4748.

6º – Trade Point Aeroporto de Viracopos – Campinas-SP. Sr. Galvão – Fone: (019) 245-5552.

7º – Heliário Nosap – Fone: (011) 7392-7200 – Jundiaí (SP).

8º – Heliário Caracóis & Cia. Fone: (011) 216-4956.

9º – Departamento de Biologia da Universidade Estadual do Paraná-Maringá, cujo titular é o professor doutor Carmino Hayashi.

10º – Escargot e Cia.. Rua Praia de Itaparica, quadra 24, lote 19, Vilas do Atlântico, Município de Lauro de Freitas-BA. CEP 42700-000. Fone: (071) 379-3323. Sr. Benvindo dos Santos.

11º – Consultoria de Comércio Exterior da Diretoria da Área Internacional. Procure uma agência do Banco do Brasil.

12º – Emater. Brasília. Fone: (061) 591-5235/501-1991, Brasilia-DF.

13º – Outro endereço para informações diversas sobre comercialização, sobre necessidades para comercialização interna, procure uma Delegacia Regional de Agricultura, Abastecimento e Reforma Agrária no seu Estado. No Estado de São Paulo, a Delegacia federal de Agricultura, Abastecimento e Reforma Agrária fica na Av. 13 de Maio, 1558, 9º andar, Bairro Bela Vista. CEP 01327-002, São Paulo-SP. Fones: (011) 284-6544 e 284-3631 e Fax: (011) 284-6964 e 284-3333.

14º – Associação dos Engenheiros Agrônomos do Estado de São Paulo. Rua 24 de maio, 104, 10º andar. CEP 01041-901. Fone: (011) 221-6322 e Fax: (011) 221-6930, São Paulo-SP.

15º – Delegacias do SEBRAE, espalhadas por todo o Brasil.

16º – Fábrica de conservas de escargot: "Milleniun", cx. postal nº 59, fone: (011) 7849-5143, Campo Limpo Pta. (SP).

17º – Heliário do Dr. Funcia. Fone: (011) 6950-5614 (SP).

18º – Heliário em Sorocaba. Fone: (015) 231-2531.

CAPÍTULO 36

RECOMENDAÇÕES DIVERSAS PARA A CRIAÇÃO

Finalizando e resumindo:
Os capítulos anteriores desta obra já abordaram diversos cuidados que você precisa ter para a excelência na criação do escargot.

Ele é um animal resistente, porém requer cuidados. A troca de experiências entre os diversos criadores é um costume bastante salutar e recomendamos que você repasse informações sobre a criação dos seus animais para outros criadores e que esteja permanentemente em contato com diversos criadores no Brasil, para receber informações sobre melhorias alcançadas por eles, nos respectivos heliários.

Uma das recomendações importantes que julgamos, é a manutenção do número máximo de filhotes por metro quadrado.

Outras recomendações:

Umidade: não deixe a umidade do ambiente onde está sendo criado o escargot ficar abaixo de 80%. *Higiene:* é essencial. *Temperatura*: tanto o Achatina quanto o Gros Gris, como o Petit Gris, exigem temperaturas mínimas e máximas que você deverá manter em seu heliário. *Nutrição*: tanto a pontualidade do abastecimento dos cochos de ração, quanto a qualidade da ração devem ser observadas com bastante rigidez, sempre descartando os restos quando do reabastecimento. Também não deverá faltar a *água* para os animais.

Outras recomendações: ficar sempre vigilante quanto ao surgimento de doenças, quando você deverá estar tomando providências imediatas. Também que não haja descuido quanto aos predadores, que poderão, rapidamente, muitas vezes durante apenas uma noite, dizimar os animais que estão em caixas ou nos parques. Observe também que paralelamente à temperatura e à umidade, devemos cuidar para que os animais não fiquem expostos a ventos freqüentes, o que os desidratará rapidamente, ficando paralisados e podendo chegar até a morte.

Outros cuidados especiais com referência ao armazenamento eventual dos animais vivos, quanto ao meio de transporte e quanto às embalagens dos animais, são tratados especificamente nos seus capítulos que você deverá estar observando para que a sua produção não seja prejudicada no final das etapas.

Recomendamos, também, para que haja muito cuidado no preparo da rações, pois não poderá haver erro.

Também que a colocação de verduras e legumes tem que ser feita nas caixas ou nos parques de acordo com as recomendações específicas.

Se você estiver mantendo espuma de naylon nas caixas, quando elas precisam ficar úmidas, têm que ser sempre limpas quando das providências de higiene em cada ambiente dos escargots. Evite o máximo mexer ou tocar nos animais, porque são passíveis de stresses e sensíveis à mudança de habitat. Tomar cuidado também quando os animais estiverem desovando, dando-lhes um ambiente necessariamente tranqüilo.

De tempos em tempos – 15 em 15 dias –, as providências higiênicas preventivas do heliário deverão ocorrer, usando-se algumas gotas de cândida e/ou de permanganato de potássio; fazer a limpeza, incluindo a lavagem das paredes dos ambientes e dos parques; na lavagem completa das caixas, sempre que for percebida essa necessidade, usar água fervente.

A terra utilizada nos ambientes de postura (que pode ser em caixas, parques ou copos), deverá ser esterilizada, eliminando-se assim as bactérias, fungos e outros parasitas que já vimos em capítulo específico. Húmus pode ser utilizado em substituição à terra preparada.

Outro lembrete é que o escargot necessita de ar para respirar. Embora ele não goste de vento, isto é, não possa ficar "exposto" ao vento, precisa de ar para respirar.

Também o sol não pode incidir diretamente sobre os escargot por período prolongado; apenas poucos minutos. Quanto à luz, lembrar que é um animal de hábitos noturnos; o ciclo luz/sombra deverá estar regulado no ambiente de criação do escargot, não somente luz e não somente sombra ou escuro. Essas fases devem ser alternadas de forma que o animal se alimente, se movimente e descanse.

O escargot descança no claro.

Hábitos Noturnos
Movimentação, consumo de água e alimentos

Atividades do escargot

CAPÍTULO 37

NOSSO ENDEREÇO E NO QUE PODEMOS AJUDAR

Para você iniciar seu heliário, precisa pelo menos:
1- *muita determinação* em "querer" levar a nova Empresa ao sucesso;
2- *obter conhecimento* do trabalho a ser executado;
3- *contar com o apoio* de criadores com experiência;
4- ter o *pequeno capital* inicial necessário;
5- trabalhar com *instalações e utensílios* adequados;
6- iniciar o heliário com *animais saudáveis e selecionados*.

Nosso Endereço: O "Heliário Escargot House" fica na Estrada Piquerobi (SP) / Rio do Peixe, Km 23
O telefone é: (018) 221.5503.

O Heliário Escargot House tem pessoal treinado para lhe dar todas as orientações necessárias à administração da produção.

Também tem ração preparada para você iniciar já o seu heliário.

Fornece matrizes selecionadas perfeita e comprovadamente adaptadas ao nosso clima, ao preço padrão de 5 dólares.

Caixas para seu início poderão ser encomendadas, que teremos prazer em lhe servir.

Utensílios diversos para a produção, abate, embalagens, etc., poderão ser indicados por nossos profissionais.

Temos satisfação em servir aos novos helicicultores e vemos como benéfica a entrada em atividade de outros heliários, o que tornará cada vez mais forte a atividade, disseminando o uso do produto – escargot como alimento – o que virá em benefício de todos os criadores.

Kit básico para iniciar a criação:
– 100 matrizes (ou mais)
– 2 caixas para o início da criação
– ração
– orientações completas (muito importante).

Oferecemos também (opcionalmente) treinamento em "Qualidade Total", dirigida especialmente à maximização da sua produção. Temos profissionais treinados em "P.Q.T", pela USP – Universidade de São Paulo à sua disposição.